Software as a Service

公共サービスの
SaaS化と自治体

本多滝夫・稲葉一将 編著

稲葉多喜生・神田敏史・眞田章午 著

自治体研究社

はしがき

SaaS とは何か

　SaaS という言葉に触れることが多くなりました。SaaS の語源は、Software as a Service です。それぞれの頭文字をとって SaaS と略号されているのです。日本語読みではサースまたはサーズと呼びならわされています。Software as a Service を訳すと、「サービスとしてのソフトウェア」となりますが、このような日本語訳は何を意味しているのか分かりにくいでしょう。

　ソフトウェアというのは、コンピューターで文書を作ったり、計算書を作ったりするときに使う「ソフト」のことです。スマホで言えばアプリケーション（アプリ）のことです。それでは、「サービスとして」とはどういうことなのでしょう。

　パーソナルコンピューター（パソコン）で文章を作成するためのソフト―マイクロソフト・ワードや一太郎―は、通常は、本体のテキスト処理プログラムのほかグラフィックプログラムなど関連プログラム全てをパソコンの記憶装置に組み込んだ（インストールした）状態で利用されます。つまり、パソコンの所有者が文書作成ソフトも所有しています。

　ところで、世界最大の利用者数を誇るインターネット検索エンジンの運用会社であるグーグル（Google）が提供している Google Workspace といったソフトがあります。Google Workspace には、文書作成ソフトもあれば、表計算ソフトもあります。インターネットを利用するときに使うホームページ閲覧ソフト―グーグル・クロームやマイクロソフト・エッジなど―から Google Workspace のページにログインすると、これらのソフトが使えるようになります。Google にあらかじめ利用者登録しておくことは必要ですが、Workspace といった名称の

ソフトをパソコンにインストールする必要はありません。閲覧ソフトの画面から文書作成も計算書作成もできるのです。ソフトそのものを提供するのではなく、Google のサーバーにインストールされている Workspace というソフトの利用を提供する＝"serve"、つまりサービス＝"service" するわけです。これが SaaS です。

　SaaS は便利です。一部の SaaS には特定のソフトやアプリのインストールを必要とするものもありますが、実行するために必要なプログラムすべてをパソコンにインストールする必要はありません。だから、パソコンに大容量の記憶装置を実装する必要はありません。ソフトの自己管理も不要なので、いつも最新バージョンのソフトで作業ができます。また、SaaS は使用するパソコンの所在を問いません。自宅のパソコンからでも職場のパソコンからでも外出先のパソコンからでも、SaaS を提供しているクラウドサーバー（クラウド〔cloud〕＝雲のようにインターネット上に散在している仮想サーバー）にログインすることができれば、いつものソフトを使って作業ができるのです。

　しかし、便利さの代わりに手放すものもあります。SaaS の利用者は、ソフトを所有するのではなく、使用するだけです。ソフトのバージョンが変わると、新しい機能が付け加わることもありますが、逆に、それまで馴れ親しんだ機能が廃止されることもあります。自分で買ってインストールしたソフトであれば、バージョンアップをしなければ済む話ですが、SaaS の場合にはそうはいきません。

　また、どこからでも作業ができるということは、作業の対象である文書や計算書は SaaS を運用している ICT 事業者のクラウドサーバーに保管されているということです。もちろん、SaaS を運用している事業者は、保管している文書を勝手に見たり、外部へ提供したりすることはしないことを利用規約で謳っていますが、データの漏洩、外部からクラウドサーバーへの侵入などの防止といったセキュリティの確保

は ICT 事業者に任せるしかありません。ガバメントアクセス—政府機関等による、民間部門がクラウドサーバーに保有する情報への強制力を持ったアクセス—の問題もあります。

　さらに、利用者登録に際して、メールアドレスだけでなく、利用者の実名、居住地、性別など個人の属性情報を提供することが求められることがあります。SaaS を運用している ICT 事業者は、利用者の属性ごとに特有な利用特性を解析し、新しい商品・サービスを考案し、それを利用者に奨めるために、登録された属性と SaaS の利用内容とを紐付けて利用することもします。もちろん、そのことは利用規約やプライバシー・ポリシーに書いてあるはずですが、これらの事項をきちんと読み理解した上で入力した情報の利活用に同意して SaaS の利用を開始する利用者は少ないのではないでしょうか。

公共分野などでの SaaS の利用の拡大
　例に挙げた SaaS は、民間の ICT 事業者が営利目的のために自らの開発したソフトウェアの利用者を拡大し、併せて新しい商品・サービスの開発用に SaaS 利用者から属性情報や利用情報を収集するために運用するものでした。ところが、近年、公共サービスや準公共サービスで SaaS を活用する動きが強まっています。

　今年（2024 年）6 月にデジタル行財政改革会議が決定した「国・地方デジタル共通基盤の整備・運用に関する基本方針」（共通基盤基本方針）では、「共通 SaaS」の推進が掲げられています。共通 SaaS というのは、国が主導して作成した標準仕様書に沿って、ICT 事業者がガバメントクラウド—国がクラウド・サービス・プロバイダーから一括して借り上げた、専用ネットワーク上のクラウドサーバー群—に構築した情報システムをソフトウェアサービスとして自治体に提供する、いわば「準官製」SaaS のことです。自治体が共通 SaaS を利用すれば、オ

プションによる若干の違いはあっても、自治体間の行政の差はほとんどなくなります。地方自治は、地域の住民の意見を踏まえて地域の特性を地方行政に反映するためのものです。共通 SaaS の利用は、自治体の自主性・自立性を損なうおそれがあります。

　また、同じく 6 月にデジタル行財政改革会議が決定した「デジタル行財政改革とりまとめ 2024」や内閣が決定した「デジタル社会の実現に向けた重点計画」では、自治体だけでなく民間の医療機関、介護サービス事業者、教育機関、保育所などもサービス主体となっている準公共分野の業務の処理についても SaaS の徹底活用が謳われています。準公共分野の SaaS は ICT 事業者の主導で設計・構築されているため、準公共サービスの主体が当該サービスの利用者（受診者、児童生徒・保護者など）に SaaS の利用を求める場合には、ICT 事業者はサービス利用者の属性情報や利用情報を当然のように収集・取得することが可能となり、これらを新しい商品・サービスの開発に活用したり、場合によってはサービス利用者に関連商品・サービスの売り込みにも利用したりすることもできます。準公共サービスの主体である自治体がそうしたことに気づいていない、あるいは、本人・保護者が同意をした上で SaaS を利用するのだから問題なしと済ませていることが多いように見受けられます。しかし、先ほども触れましたが、本人・保護者は、はたして SaaS の利用規約やプライバシー・ポリシーをきちんと読んだ上で同意をしているでしょうか。

本書のねらいと概要

　SaaS の活用場面の拡大は、自治体の自主性・自立性や住民の自己情報コントロール権・個人の尊厳に対する脅威になっていますが、自治体はこれを十分に認識することなく、国の施策に乗っかって SaaS を利活用し、その範囲を拡大しようとしています。

　本書は、このような状況に警鐘を鳴らし、住民の権利の保護の観点から自治体がSaaSを利用する場合の視点を提示することをねらいとしています。

　「1　デジタル社会とSaaS」（本多滝夫執筆）では、導入として、クラウドサービスやSaaSの技術的な意味、政府がガバメントクラウドやSaaSの利活用を推進する背景、自治体の窓口でのSaaS利用の基本的な問題などを整理します。

　「2　自治体保育業務のSaaS化─その実態と課題」（稲葉多喜生執筆）および「3　『マイME-BYOカルテ』による健康医療情報の収集と活用について」（神田敏史執筆）では、SaaSがすでに利用されている準公共分野の例として保育と医療を取り上げています。多くの公立保育所でSaaSである保育所業務支援システムが利用されていますが、業務支援システムを開発したICT事業者に主導権があり、自治体はICT事業者の為すがままになっています。これに対して、神奈川県で運用されている「マイME-BYOカルテ」は運営管理の一部を医療介護関連企業に委ねてはいますが、システムの設計は県が行い、個人情報保有も県が保有するサーバー等で行うなど自治体が情報管理責任を負っています。後者は典型的なSaaSとは言えないかもしれませんが、準公共分野のDXにおいて自治体が住民に対して負う責任の果たし方の一例を示しています。

　「1」から「3」までで整理したSaaSの特質や現状を踏まえ、「4　個人情報保護と同意のあり方─自治体がSaaSを利用する場合の視点」（眞田章午執筆）では、自己情報コントロール権の考え方に基づいて、SaaSの利用に際して住民の同意の本来の姿とそれを実現する手法を検討します。そして、「5　SaaS利用の契約諸関係が有する問題点と自治体の課題」（稲葉一将執筆）では、自治体がSaaS利用のために締結する契約が、一方では私益追求のためのデータ活用を推進する手段であ

りながら、他方では行政事務という公務性の確保や個人情報保護が課題になる現場だと考えることで、SaaS 利用契約の問題点を明らかにするとともに、自治体が SaaS 利用契約を締結するに際して地方議会が果たすべき役割を提案します。

　巻末に、デジタル庁が自治体に示している保育所業務支援システムのモデル仕様書を掲載しました。これは、自治体が公立保育所の業務について保育所業務支援システムを導入するときに、ICT 事業者に求める支援システムの機能要件に関する仕様書のモデルを示したものです。機能要件なのでもっぱら利用に際しての利便性に関する事項が中心となっていますが、セキュリティ、データ移行、利用規約に関する仕様もあります。これらの項目は、児童・保護者の権利とも密接に関係するものです。児童・保護者の権利の保護の観点からモデル仕様書の足りないところにつき、「2」において補論として改善案（稲葉多喜生執筆）を付しておきました。他の業務の支援システムについても同様の項目がありますので、参考にしていただければ幸いです。

　2024 年 9 月 24 日　　　　　　　編者を代表して　本多滝夫

『公共サービスの SaaS 化と自治体』目次

1　デジタル社会と SaaS

本多滝夫

1　デジタル社会とクラウドサービス

　デジタル改革関連法の一つとして 2021 年 5 月に成立したデジタル社会形成基本法（令和 3 年法律 35 号）は、「デジタル社会」を次のように定義しています。

> 「インターネットその他の高度情報通信ネットワークを通じて自由かつ安全に多様な情報又は知識を世界的規模で入手し、共有し、又は発信するとともに、…インターネット・オブ・シングス活用関連技術、…クラウド・コンピューティング・サービス関連技術その他の従来の処理量に比して大量の情報の処理を可能とする先端的な技術をはじめとする情報通信技術……を用いて電磁的記録……として記録された多様かつ大量の情報を適正かつ効果的に活用すること…により、あらゆる分野における創造的かつ活力ある発展が可能となる社会をいう。」（デジタル社会形成基本法 2 条）

　「デジタル社会」の前身に当たるのは、高度情報通信ネットワーク社会形成基本法（以下「IT 基本法」）において定義されていた「高度情報通信ネットワーク社会」という用語でした。「高度情報通信ネットワーク社会」も、「デジタル社会」と同様に、「インターネットその他の高度情報通信ネットワークを通じて自由かつ安全に多様な情報又は知識を世界的規模で入手し、共有し、又は発信することにより、あらゆる分野における創造的かつ活力ある発展が可能となる社会」（IT 基本法 2 条）でした。もっとも、異なるのは、「デジタル社会」が「情報通信技術を用いて電磁的記録として記録された情報の活用」によって実現さ

れるという点にあります。

IT 基本法が制定されたのは、インターネットがようやく一般的な通信手段となった 2000 年でした。しかし、その後、インターネット技術は、「インターネット・オブ・シングス活用関連技術」や「クラウド・コンピューティング・サービス関連技術」といった「先端的な情報通信技術」の開発により、大量の「電磁的記録として記録された情報」、すなわち大量のデジタル・データを処理し、活用しうる技術へと進化しました。このような技術の進化に伴い、「創造的かつ活力ある発展が可能となる社会」は、たんなるインターネットを通じて情報が高速にやりとりされる「ネットワーク社会」にとどまることでは足りず、すべての事象をデジタル・データに変換し、これを活用する社会、すなわち「デジタル社会」へと装いを新たにせざるを得なくなったのでした。

さて、それにしても「デジタル社会」の実現のために、なぜ「インターネット・オブ・シングス活用関連技術」や「クラウド・コンピューティング・サービス関連技術」を必要とされるのでしょうか。

デジタル社会という用語の出自が Society 5.0 という用語にあることは広く知られているところです。その具体的なイメージは、内閣府の資料において図示されています（**図1-1**）。

この図からわかるように、Society 5.0 では、サイバー空間にある人工知能（AI）がセンサーと IoT（インターネット・オブ・シングス）を通じて取得したデータを解析し、解析結果に基づく高付加価値（一定の行動情報）をデジタル・デバイスへフィードバック（逆送）し、ロボットはおろか人間の行動までも誘導することが企図されています。このようにフィジカル（現実）空間とサイバー空間の融合を通じて、さまざまな社会課題が解決される、これが Society 5.0 なのです。そして、このサイバー空間こそが、クラウド・コンピューティング・サービス

図1-1　サイバー空間とフィジカル空間の高度な融合

フィジカル（現実）空間からセンサーとIoTを通じてあらゆる情報が集積（ビッグデータ）
人工知能（AI）がビッグデータを解析し、高付加価値を現実空間にフィードバック

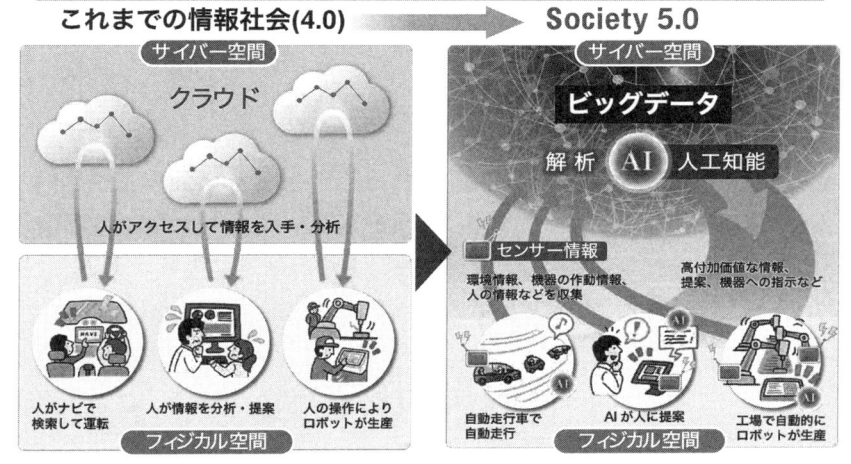

（内閣府「Society 5.0 とは」https://www8.cao.go.jp/cstp/society5_0/society5_0.pdf より）

関連技術によって構築されているのです。

　政府は、デジタル社会形成基本法などに基づいて作成し、年次更新をしている「デジタル社会の実現に向けた重点計画」（以下「重点計画」）において、デジタル社会の実現に向けての理念・原則として「クラウド第一原則（クラウド・バイ・デフォルト原則）」を掲げ、「各府省庁において必要となる情報システムの整備に当たっては、迅速かつ柔軟に進めるため、クラウド第一原則（クラウド・バイ・デフォルト原則）を徹底し、クラウドサービスの利用を第一候補として検討するとともに、共通的に必要とされる機能は共通部品として共用できるよう、機能ごとに細分化された部品を組み合わせて適正（スマート）に利用する設計思想に基づいた整備を推進する」としています。ここでいう「クラウドサービス」とは上記の「クラウド・コンピューティング・サービス」のことですが、クラウドサービスの利用は、デジタル社会の形

成に向けた一丁目一番地になっています。

2　クラウドサービスとは

　ところで、クラウドサービスとは「インターネットを経由して提供される、仮想サーバーによるサービス」のことですが、大きく分けて、これには IaaS と呼ばれるもの、PaaS と呼ばれるもの、そして、SaaS と呼ばれるものがあります。これらのクラウドサービスのうち、3 で説明するように政府は SaaS の利用を推奨しています。なぜ SaaS の利用が推奨されているのでしょうか。この節では、各クラウドサービスの特徴を解説し、SaaS が推奨される技術的な背景を明らかにすることにします。

(1)　クラウドサービスの種類
【IaaS】

　IaaS（Infrastructure as a Service）は、「イアース」あるいは「アイアース」と呼びならわされています。直訳すると「サービスとしてのインフラ」ですが、その内容は、Amazon、Google、Microsoft といったクラウドサービス・プロバイダー（Cloud Service Provider、以下「CSP」）があらかじめクラウドサービスのインフラである物理基盤（電源・施設、ネットワーク、ハードウェア〔物理サーバーなど〕）、仮想環境（仮想サーバー、OS〔operating system〕）を用意し、利用者にこれを提供するものです。利用者は、個々の業務用のソフトウェアまたはアプリケーションを実行するためには提供されたインフラにミドルウェア（データ管理、セキュリティ、トランザクション処理などを行うソフトウェア）などプラットフォームを自ら設けることになります。

　IaaS の利点としては次のものが挙げられます。

　・利用者で物理基盤を持たずに使えるため、物理基盤を管理する手

間が不要となる。

・OS がインストールされた状態で仮想サーバーがすぐに使える。

・サーバーインスタンス（仮想サーバー）数の増減を短期間に行える。

・使った分だけ費用が発生する従量課金制である。

・利用者で資産を持たずに済むので、物理サーバーなどのハードウェアを買うと発生する減価償却費処理が不要で、かつクラウド利用費は会計処理上そのまま費用として処理が行える。

【PaaS】

PaaS（Platform as a Service）は、パースと呼びならわされています。直訳すると「サービスとしてのプラットフォーム」ですが、ソフトウェアやアプリケーションの実行環境をサービスとして提供するものです。一般的にアプリケーションを実行させるためには、さまざまなミドルウェア、データベース、開発ツールといった、アプリケーションを実行するためのプラットフォームを設計・管理する必要がありますが、PaaS は CSP があらかじめこれらを用意しているので、利用者はすみやかにアプリケーションを実行することができます。

PaaS の利点としては次のものが挙げられます。

・アプリケーションを動作させるために必要な環境構築の手間を軽減することができる。

・インフラの設計や管理が IaaS よりも軽減できる。

・比較的短期間でサービスのリリースができる。

もっとも、PaaS ではプラットフォームの仕様が決められているため、その仕様に合わせたサービス利用となり、IaaS に比べて利用者の自由度が下がります。

【SaaS】

SaaS（Software as a Service）は、サースまたはサーズと呼びならわされています。直訳すると、「サービスとしてのソフトウェア」ですが、

ソフトウェアやアプリケーションを、インターネットを通してサービスとして提供するものです。Zoom、Google Workspace や Microsoft 365 などが典型例です。CSP または IaaS、PaaS を提供する CSP とは別の ICT 事業者があらかじめアプリケーションを用意しているので、利用者はアカウントを作成することですぐにサービスを利用することができます。

　SaaS の利点としては次のもの挙げられます。
・アプリケーションのインストールが不要なため環境構築の手間がかからない。
・CSP などが保守管理を行うため、アプリケーションのアップデートについて利用者の管理負担が軽減され、また、最新の機能を利用することができる。
　もっとも、SaaS では CSP などが用意するアプリケーションしか利用できないため、他のクラウドサービスに比べて利用者の自由度が下がります。

⑵　クラウドサービスとオンプレミス
　クラウドサービスが普及する前、コンピューティング・サービスは、利用者が自前でハードウェアやネットワーク機器などインフラを揃え、それらにプラットフォームを構築し、そこにインストールしたソフトウェアやアプリケーションを実行するというスタイルが一般的でした。このようにアプリケーションやプラットフォームだけでなく、ハードウェアやネットワーク機器なども利用者自身が保有し運用するコンピューティング・サービスの利用形態をオンプレミス（on premises）といいます。
　クラウドサービスは、オンプレミスとは対照的に、少なくともインフラが CSP によって保有・管理されているところに特徴があります。

図 1-2　IssS、PaaS、SaaS、オンプレミスの違い

オンプレミス	IaaS	PaaS	SaaS
アプリケーション	アプリケーション	アプリケーション	アプリケーション
OS／ミドルウェア	OS／ミドルウェア	OS／ミドルウェア	OS／ミドルウェア
ハードウェア／仮想環境	ハードウェア／仮想環境	ハードウェア／仮想環境	ハードウェア／仮想環境
設備・電源／ネットワーク	設備・電源／ネットワーク	設備・電源／ネットワーク	設備・電源／ネットワーク

█ 利用者管理　　☐ CSP 管理

すなわち、利用者はコンピューター・システムの一部または全部を保有しておらず、CSP からのサービスとしてコンピューター・システムを利用しているわけです（**図 1-2**）。クラウドサービスの内容を「サービスとしての○○」と呼称する所以です。

　オンプレミスよりもクラウドサービスがコンピューティング・サービスにおいて支配的になってきたのは何故でしょうか。オンプレミスと比較した場合、クラウドサービスには、利用者から見ると、次のようなメリットがあると説かれています。

　・CSP が、インフラなどをあらかじめ準備するので、物理作業が不要で、迅速に導入することができる。
　・上記の事情から、初期費用がほとんどかからない。
　・上記の事情から、インフラなどの管理・運用に人員を割く必要がない。
　・上記の事情から、繁忙期や閑散期などのニーズの変化に応じて、サーバーのリソース（コア数、メモリー容量など）を簡単に拡張・縮小できる（スケーラビリティ：scalability）。
　・クラウドサービスのインフラは多くの場合堅牢で可用性の高いデータセンターに置かれるので、災害時の事業継続性（BCP: business continuity plan）に優れている。

　このようにクラウドサービスは、オンプレミスに比べると、経済性

や事業継続性にメリットを見出すことができます。情報システムにおいては5年から6年の周期で機器やアプリケーションのリプレイス（更改）が必要とされるので、リプレイスの機会に経済性に優れるクラウドサービスへの移行を選択するのはある意味で合理的ともいえます。

　しかし、クラウドサービスにもデメリットはあります。オンプレミスと比較すると、カスタマイズはCSPが提供するサービスの範囲内でしかできません。また、セキュリティ対策はベンダーに依存するので、とくに重要な機密情報をクラウド・サーバーに置くことについてリスクがあります。

　さらに、クラウドサービスは初期費用や運用経費がかからない点にメリットがあると説明しましたが、データセンターにインフラがあるので、安定的なデータ処理を確保するために利用者の手もとにあるサーバーやコンピューターとデータセンターとを専用回線で結ぶ必要があります。この専用回線の使用料は、通信容量、回線の冗長化（二重化）の有無、実際のデータ送受信量によって異なりますが、一般回線よりもかなり高額なものとなります。これに対してオンプレミスは施設内にインフラが構築されているので、少なくともデータ処理のためには専用回線を必要としません。

　オンプレミスからクラウドサービスへの移行に際しては、両者のメリットとデメリットを十分に比較検討することが重要です。

3　ガバメントクラウドとSaaSの重視

(1)　ガバメントクラウドの活用の理由

　政府が、クラウド第一原則（クラウド・バイ・デフォルト原則）ということで、コンピューティング・サービスとしてクラウドサービスの利用を最優先としているのは前述の通りです。

　とはいえ、クラウドサービスであれば何でもよいわけではありませ

ん。政府は、ガバメントクラウド―政府共通のクラウドサービスの利用環境―を構築し、そこに政府の各省庁のみならず、独立行政法人、地方公共団体、準公共分野（健康・医療・介護、教育、防災等）の情報システムを搭載することとしています。デジタル改革関連法が成立した直後に策定された重点計画（2021 年 6 月 18 日閣議決定）では、「政府情報システムについて、共通的な基盤・機能を提供する複数のクラウドサービス（IaaS、PaaS、SaaS）の利用環境であるガバメントクラウドを整備し、令和 3 年度（2021 年度）に運用を開始する」とし、「各府省庁は、令和 4 年度（2022 年度）以降の新たなクラウドサービスの利用の検討に当たっては、原則としてガバメントクラウドの活用を検討」するとともに、「令和 3 年度（2021 年度）以前からクラウドサービスを利用している政府情報システムについては、更改時期等を踏まえ、段階的にガバメントクラウドに移行する」といったように政府の情報システムのガバメントクラウドへの移行をスケジュール化しています。さらに、「独立行政法人、地方公共団体、準公共分野等の情報システムについても、令和 3 年度（2021 年度）から順次、ガバメントクラウドの活用に向けた方策や課題等を検討する」として、ガバメントクラウドの活用範囲を中央省庁のみならず、独立行政法人、自治体、準公共分野といった公共的なサービスの各層の情報システムに拡大していくことが予定されています（同計画 12 頁を参照）。

　それにしても、すでにクラウドサービスを利用している政府の情報システムについても新たに構築するガバメントクラウドに移行させるといったように、政府がガバメントクラウドにこだわるのは何故でしょうか。

　デジタル庁でガバメントクラウドの設計などを担当するクラウドチームによれば、ひとつは、クラウドを共通化することで、システム開発にかかる契約関係を共通化できるだけでなく、テンプレート（ひな

形）という形でそこに埋め込まれた技術やナレッジ（有益な情報）を共有できるようになること、またひとつは、インフラの共通化で同じ仕組みを横展開等しやすくなり、新たな行政サービスを始める場合も全国の地方公共団体で速やかに展開しやすくなること、またひとつは、インフラの共通化が進んでいけば、データの管理・やりとりもしやすくなり、システムやアプリケーションの開発工数や費用を減らせ、業務の効率化も図ることができること、そして、もうひとつは、ガバメントクラウドへの移行の際に業務で使うアプリケーションを「モダン化」すること―既存のシステムで用いられているアプリケーションを見直して、現在の業務プロセスに最適化し直しつつ、古い技術から脱却して比較的新しい技術で置き換えてつくりかえること―を挙げています（デジタル庁クラウドチーム「社会の変化に合わせた行政システムの構築へ。『ガバメントクラウド』が目指す未来」〔2024 年 4 月 25 日 12：00 アップロード〕https://digital-ov.note.jp/n/n8e9becc40a1c）。

　この説明から、ガバメントクラウドへの移行は、クラウドサービスへの移行による一般的な特性である情報システムにかかる費用負担の軽減や情報システム相互の間のデータのやり取り（連携）のためのハードルの引き下げを目的とするだけではなく、中央省庁の政策・施策の変更に自治体が迅速に対応できるように政府および自治体の情報システムを転換することが目的とされていることがわかるでしょう。

　自治体戦略 2040 構想研究会（2017 年 10 月～2018 年 7 月。以下「2040 研究会」）は第一次報告（「自治体戦略 2040 構想研究会第一次報告―人口減少下において満足度の高い人生と人間を尊重する社会をどう構築するか（平成 30 年 4 月）」）のなかで自らの課題を「新たな自治体と各府省の施策（アプリケーション）の機能が最大限発揮できるようにするための自治体行政（OS）の書き換え」（同報告 49 頁）だと比喩的に語っていましたが、ガバメントクラウドへの移行はそれを地で行くようなものと

いえます。

(2)　共通 SaaS の利用の推進

　ところで、今年（2024 年）6 月 21 日に閣議決定された重点計画（以下「重点計画 2024」）では、「規模の経済やコストの可視化及び調達の共同化を通じた負担の軽減により、国・地方を通じ、トータルコストが最小化された行政を目指すとの基本的価値を国と地方が共有しつつ、連絡協議の枠組みの下、『各府省庁による所管分野の BPR〈Business Process Re-engineering（業務手順に着目した業務改革）の略—引用者〉とデジタル原則の徹底（タテの改革）』と『デジタル公共インフラの整備・利活用と共通 SaaS 利用の推進（ヨコの改革）』の取組を進める」（同計画 18 頁）としています。ここで注目すべきは「共通 SaaS 利用の推進」です。「共通 SaaS 利用の推進」は、重点計画 2024 の閣議決定の数日前の 6 月 18 日にデジタル行財政改革会議が「デジタル行政改革とりまと 2024」と同時に決定した「国・地方デジタル共通基盤の整備・運用に関する基本方針」（以下「共通基盤基本方針」）に詳しく記載されています。

　共通基盤基本方針は、国と自治体を通じた情報システムの「標準化」・「共通化」を単にガバメントクラウド上での構築にとどめず、「共通 SaaS の利用の推進」に重点を置いています。ここでいう「標準化」・「共通化」とは、情報システムの機能要件の共通化やデータの標準化を進めるために国が主導して自治体の意見を聴きながら標準仕様書を作成し、これに沿った情報システムを自治体がガバメントクラウドに構築をするというものですが、「共通 SaaS」になると、ICT 事業者が標準仕様書に沿った情報システムをガバメントクラウドに構築し、自治体にソフトウェアサービスとして情報システムを利用させるということになります。

　行政手続のオンライン化と公共サービスメッシュ（自治体内部および自治体間の情報連携の基盤）の構築のために、現在2025年度末を期限として「標準化」・「共通化」の作業が急がれている基幹系20業務（住民基本台帳関連業務、税関連業務、国民健康保険関連業務、障害者福祉関連業務、介護福祉関連業務、児童／子育て関連業務、生活保護業務、健康管理業務、就学業務、戸籍関連業務、印鑑登録）については、自治体は、標準仕様書に沿った情報システムをICT事業者に設計させ、ガバメントクラウドに構築させるといったクラウドサービス、つまりIaaSまたはPaaSが想定されていました。この場合には、なおも自治体に主導権があり、各自治体の従前の独自の事務処理を反映させることを可能とする標準オプションの設計についても事業者にある程度融通を求めることも可能だったわけです。

　しかし、「共通SaaS」になると、自治体はもはや情報システムの所有者でもなければ、情報システムの発注者でもなくなり、単にSaaSの利用者という地位に成り下がり、標準オプションの内容もアプリケーションを設計・構築するICT事業者次第になってしまいます。

　共通基盤基本方針では、基幹系20業務の情報システムの標準化・共通化に加えて、自治体の共通化すべき業務・システムを拡大することが国・地方デジタル共通基盤の整備の課題とされています。

　さらに、重点計画2024では、「SaaSの徹底活用」・「『作る』から『使う』へと転換」として、優れたソフトウェア（SaaS）等を国・地方公共団体が迅速・簡易に調達する仕組みとして、新しいソフトウェア調達手法（デジタルマーケットプレイス）であるカタログサイト正式版を構築し、2024年度後半の本格稼働を目指すとしています（同計画23頁を参照）。

(3)　共通 SaaS の利用による集権化

　共通基盤基本方針によれば、国・地方デジタル共通基盤の整備は、「地方分権改革前の国と地方公共団体の関係を復活させるものではな〈く〉」、「国による共通化や標準化の支援は、地方分権改革により明確化された国と地方公共団体との役割分担の下で、地方公共団体の事務を技術的に下支えし、負担が軽減された分、これまで手の届かなかった地域特有の課題への対処や住民へのよりきめ細かなサービスの提供などを可能とするものである」（同方針 5 頁）とされています。

　しかし、情報システムの標準化は、第 33 次地方制度調査会答申（2023 年 12 月 21 日）で指摘されているように（「必ずしも画一化すべきでない部分については、地方公共団体が自主性・自立性を発揮できるよう留意が必要である」〔同答申 7 頁〕）、事務処理の画一化を招来し、自治体の自主性・自立性を損なうおそれがあることは否めません。

　それどころか、重点計画 2024 では、「国においては、まず、原則として、政府情報システムは、クラウドに最適化されたシステムをガバメントクラウド上に構築し、クラウドサービス事業者が提供するサービスを活用して効率的に運用する」とし、「可能な限り既製の SaaS を活用し、システムの統廃合や共通化・共同化の検討も徹底〈し〉」、「このため、業務にシステムを合わせるのではなくシステムに業務を合わせ、業務やその前提となる制度を改めることとする」（同計画 18 頁）とされています。この考え方は、コストに見合って構築された情報システムが処理できる範囲に業務をとどめるべきだというもので、システムの設計を介して業務の多様性や柔軟性を削ぐことに主眼があります。

　自治体が利用を推奨されることになる共通 SaaS も、標準仕様書を作成するのが国である以上、このような思考に基づいて設計されるおそれは十分にあります。

　また「システムの共通化や標準化によって、国は地方公共団体の業

26

図1-3　自治体窓口DX「書かないワンストップ窓口」の概要

●申請・届出書の作成に自治体が保有するデータを活用。本人の確認を経て、複数窓口で連携
　…**必要な手続が一つの窓口で完了**

●申請・届出書の住所等は、マイナンバーカードや自治体が保有する情報を基に自動入力
　…**住民は署名のみ**

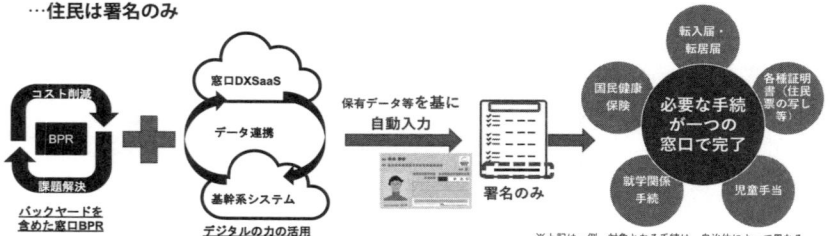

（デジタル庁「自治体窓口DX SaaS概要説明2.0版」より）

務で用いられているデータを、その性質等に配慮しつつ、権限に基づいて効率的に取得し、現場の実情をよりタイムリーに把握することが容易に〈なり〉」、「これによって、地方公共団体の実態に即した国の政策立案がより実効的に行われることが期待される」（共通基盤基本方針5頁）との指摘に照らせば、国・地方デジタル共通基盤の整備は、やはり、それを通じて取得したデータを基にして国が立案した政策を効率的に自治体に実施させるために行われるものであるといえます。

4　窓口DX SaaS

さて、「共通SaaSの利用の推進」や「SaaSの徹底活用」は、自治体の窓口DXと密接に関係をしています。

デジタル庁は、「住民が、申請書を書かない、待たない、窓口を回らずに手続を終えることができ、かつ自治体職員の事務負担が軽減され、サービスの平準化が図られる窓口」といったコンセプトで「自治体窓口DX『書かないワンストップ窓口』」を推奨しています。具体的には、自治体側で保有している情報やマイナンバーカードを活用することで、氏名・住所などを手書きした申請書を何度も提出するような手間を不

図 1 - 4　窓口 DX SaaS

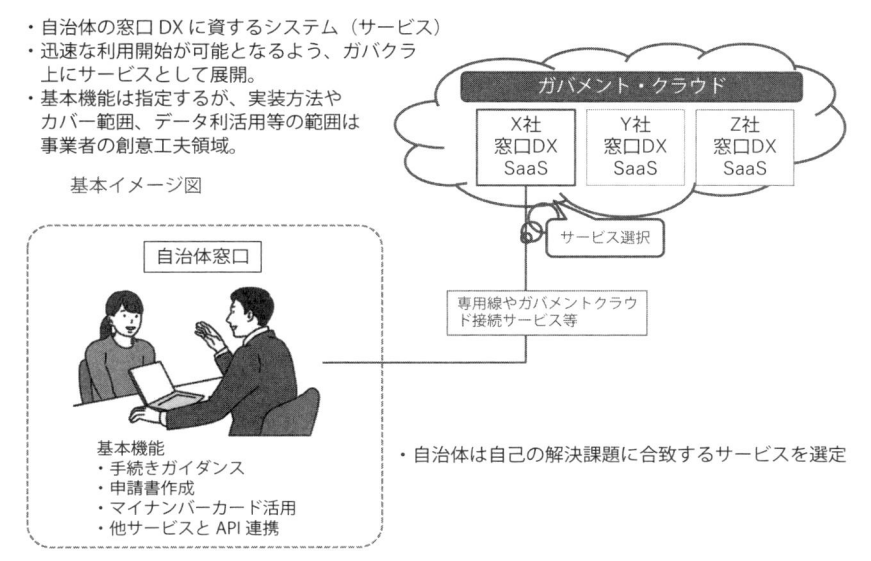

・自治体の窓口 DX に資するシステム（サービス）
・迅速な利用開始が可能となるよう、ガバクラ
　上にサービスとして展開。
・基本機能は指定するが、実装方法や
　カバー範囲、データ利活用等の範囲は
　事業者の創意工夫領域。

　　　　基本イメージ図

ガバメント・クラウド

X社
窓口DX
SaaS

Y社
窓口DX
SaaS

Z社
窓口DX
SaaS

サービス選択

自治体窓口

専用線やガバメントクラウ
ド接続サービス等

基本機能
・手続きガイダンス
・申請書作成
・マイナンバーカード活用
・他サービスと API 連携

・自治体は自己の解決課題に合致するサービスを選定

（図 1 - 3 に同じ）

要としたり（＝「書かない」）、これまで同じ自治体内でも複数の窓口で
それぞれ行っていた手続を、各々の手続を所管する部署間でデータ連
携をすることで、一つの窓口でまとめて受付できる（＝「窓口を回らず
に手続きを終える（ワンストップ）」）ようにしたりするために行われる窓
口業務の BPR です（**図 1 - 3**）。

　この窓口 DX を支えるのが、「窓口 DX SaaS」と呼ばれるものです。
窓口 DX SaaS とは、ガバメントクラウド上に、ICT 事業者が設計・
構築した自治体の窓口 DX に資するパッケージシステムを複数提供し、
その中からそれぞれの自治体が自分たちに一番あったシステムを選ぶ
仕組みです（**図 1 - 4 参照**）。

　窓口 DX SaaS は、新たに業務系システムを構築するのではなく、現
在「標準化」、「共通化」作業が進行している 20 の基幹系業務システ

図1-5 窓口DXと基幹系業務システムとの連携

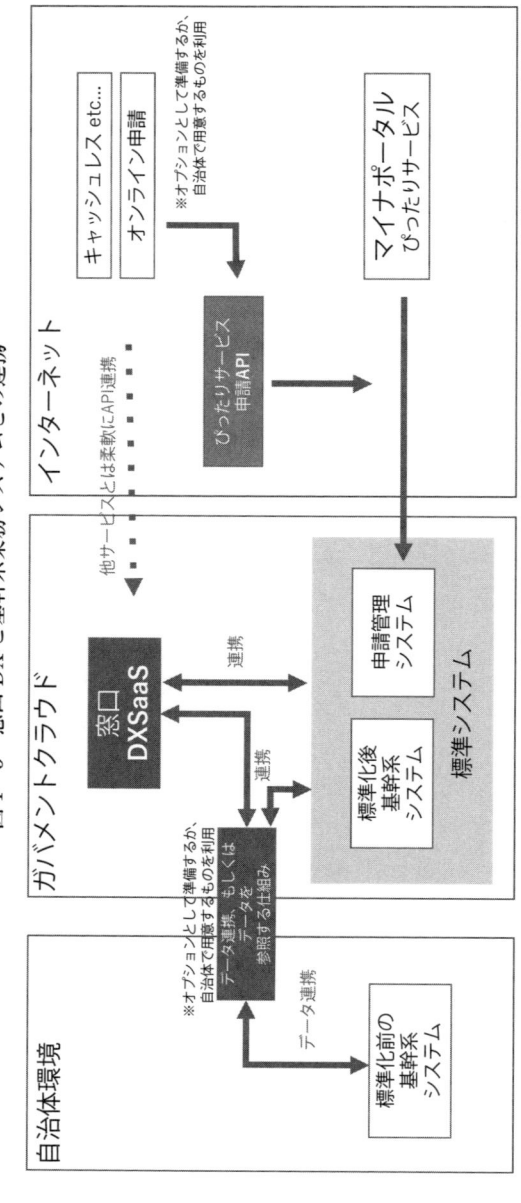

・窓口DX SaaSは標準化関連業務として、基幹系システムと連携して利用することを想定。
・各システムとは疎結合を基本とし、データ連携はファイル連携または API 連携が考えられる。
・データ連携により、基幹系システムと異なる事業者の窓口DX SaaSにすることも想定される。
・標準化前の基幹系システムとの連携については共通データベースや RPA、ファイル連携等の活用により対応することが想定される。

（図1-3に同じ）

ムとの連携が前提となっています（図 1 - 5）。窓口 DX SaaS は、「標準化」・「共通化」された基幹系業務システムを基盤とした「共通 SaaS」の典型例です。

　窓口 DX は自治体行政にどのような影響を与えるのでしょうか。この点については、第 33 次地制調答申が説明をしています（答申 6〜7 頁を参照）。

・窓口対応において、住民に必要な手続を案内する機能等を活用して、複数の手続のワンストップ対応がしやすくなり、また、申請の処理時間等のデータがシステム上把握・分析可能となることから、こうしたデータを業務改善につなげることが考えられる。

・業務改善により生まれた人的リソースについては、政策の企画立案、きめ細やかな配慮を要する住民への相談業務やプッシュ型のサービス提供等の業務にシフトすることが考えられる。

・庁舎空間に関しては、単なる手続のための場とするだけでなく、それまで窓口の手続に使われていた空間を有効利用することにより、住民や地域社会を担う様々な主体が集い、公共私で連携しながら地域課題を解決していく場としても活用可能となる。

　答申では窓口 DX の積極面が強調されていますが、そのまま受け取るわけにはいきません。前出の 2040 研究会が提示した「新たな自治体行政モデルの考え方」の一つである「スマート自治体への転換」を想起すべきでしょう。2040 研究会は、第二次報告（「自治体戦略 2040 構想研究会第二次報告—人口減少下において満足度の高い人生と人間を尊重する社会をどう構築するか（平成 30 年 7 月）」）で、2040 年頃には人口減少が進んで高齢化率が最高に達し、日本の生産労働人口が少なくなり、労働力の厳しい供給制約を共通認識として、AI・ロボティクスが処理できる事務作業は全て AI・ロボティクスによって自動処理することにより、従来の半分の職員でも自治体として本来担うべき機能が発揮で

き、量的にも質的にも困難さを増す課題を突破できるような仕組みを構築すべきだ、と提言していました。第33次地制調は人的リソースの再配置を強調しているのに対し、2040研究会は人的リソースの削減の必要性を強調しています。

すでに一部の自治体で顕在化しつつある職員の成り手不足や、専門的スキルを必要とする住民への相談業務または今後増大するデジタル・スキルを有する業務への職員の配置転換の難しさなどに鑑みると、窓口DXは、窓口配置の職員数の削減とともに、自治体職員全体の削減に利用されるのではないかと思われます。

また、窓口DXでは、窓口DX SaaS が表示する入力フォームに、職員が窓口に来た住民の申し出を当てはめて入力するだけなので、入力フォームに挙げられていない項目については入力しない、あるいは、窓口DX SaaS が処理できるように住民の申し出を「補正」して入力してしまうことも想定されます。専門性を喪失した窓口DXを通じて、生活保護の窓口でしばしば行われてきた「水際作戦」を窓口の職員が「無自覚」的に自治体サービス全般に拡大させてしまう可能性があり、システムの設計や窓口の対応マニュアルの作成に十分に注意すべきです。

5　準公共分野の DX と SaaS

これまでの重点計画において、準公共分野として、「健康・医療・介護」、「教育」、「防災」、「こども」、「モビリティ」、「農林水産業・食関連産業」、「港湾（港湾物流分野）」、「インフラ」の8分野が指定されていました。重点計画2024では、準公共分野のシステムの最適化の手法として、「SaaS の徹底活用」が謳われています。たとえば、「2026年度以降の電子版母子健康手帳の普及につなげる」（同計画21頁）、「保育施設や自治体の業務システムと連携した施設管理プラットフォーム

を整備することにより、データ連携に基づく新たな業務の運用を開始
し、2026 年度以降その全国展開を進める」（同計画 21 頁）、「2026 年度か
ら 4 年間かけてパブリッククラウド環境を前提とした次世代校務 DX
環境への移行を順次進める」（同計画 22 頁）といった記述があります。
「〈これらの分野は〉生活に密接に関連していることから、『デジタル
化』が『当たり前』のものだと多くの方々に受け止められていくこと
が期待される」（同計画 20 頁）との記述もあり、SaaS の活用を通じた
準公共分野のデジタル化を住民の公共サービスのデジタル化に対する
「不安」や「ためらい」を払拭する手法としても捉えているようです。

　準公共分野として挙げられている分野には労働集約型の対人サービ
ス業務が多く、そこでの SaaS の活用は、人手不足を背景にして手間の
かかる業務フローを見直し、業務組織を統合するといった BPR を目的
とする側面と、対人サービス業務に関する SaaS を開発し、SaaS を介
して収集・保有したデータの解析を通じて新たなビジネスの創出を目
的とする側面があります。これらの側面から生ずる具体的な問題の検
討は「2　自治体保育業務の SaaS 化」および「3　『マイ ME-BYO カ
ルテ』による健康医療情報の収集と活用について」に譲るとして、こ
こでは「4　個人情報保護と同意のあり方─自治体が SaaS を利用する
場合の視点」および「5　SaaS 利用の契約諸関係が有する問題点と自
治体の課題」につながる問題点の指摘をしておきましょう。

　SaaS の運用主体は ICT 事業者です。そのためデータの管理もまた
SaaS を運用する ICT 事業者に委ねられることになります。準公共分野
に属するさまざまな対人サービスの利用に際しては自治体が関与する
場面が多く、住民に当該サービスを利用させるために、自治体が ICT
事業者に利用者、すなわち住民の個人情報等を提供し、サービスの利
用者も当該サービスを利用するために ICT 事業者に「自発的」に自ら
の個人情報等を提供することになります。ICT 事業者は、自治体から

の受託事業であることを「信頼」の証として、住民の個人情報等を難なく取得し、これらを利活用することが可能となります。準公共分野における「デジタル化」の「当たり前」化は、利活用狙いのICT事業者へ自己情報等を提供することに対する住民の警戒レベルを下げることにつながるでしょう。自治体は、住民の自己情報コントロール権の守り手なのでしょうか、それとも、ICT事業者のお先棒担ぎなのでしょうか。その存在意義が大いに問われています。

「公共分野」、「準公共分野」を通じて、個人情報保護法の枠にはとどまらない自治体の努力が求められています。

※　本章のクラウドサービスについての説明は、株式会社ハートビーツほか『クラウドエンジニアの教科書』(シーアンドアール研究所、2022年)を参考にしつつ、メリット、デメリットの検討などは本章執筆者の勤務先の業務(情報メディアセンター長)の上で得た知見に基づいています。また、本章の後半は、同時期にほぼ同じテーマの下で執筆した本多滝夫「情報システムの利用の原則と共通SaaSの利用の推進(シリーズ　デジタル行政改革の行方　第4回)」(住民と自治739号〔2024年〕)とその趣旨内容をほぼ同じくしていることにつきご海容いただければ幸いです。

　　自治体行政のデジタル化全般については、本章執筆者の一連の著作も参照してください。
・「地方行政のデジタル化の論点―自治体DXと地方自治―」(榊原秀訓ほか編著『地域と自治体第39集　「公共私」・「広域」の連携と自治の課題』〔自治体研究社、2021年〕所収)
・「地方行政のデジタル化と地方自治」(本多滝夫・久保貴裕『自治体DXでどうなる地方自治の「近未来」』〔自治体研究社、2021年〕所収)
・「デジタル社会と自治体」(岡田知弘ほか『デジタル化と地方自治　自治体DXと新しい「資本主義」の虚妄』〔自治体研究社、2023年〕所収)。
・「情報システムの『最適化』と地方自治―個別最適から全体最適へ」(榊原秀訓編著『地域と自治体第40集　「補充的指示権」と地方自治の未来〔自治体研究社、2024年〕所収)

2　自治体保育業務の SaaS 化
―その実態と課題―

稲葉多喜生

1　保育園の業務をシステム化する保育 SaaS

　本稿は、公立保育園で進む保育事務の SaaS 化が進展するなかで、SaaS を提供する ICT 企業は自治体からビッグデータを得ながら、行政サービスが子育て分野を先頭に ICT 企業に置き換えられている実態を都内の事例から報告するものです。

　2010 年代後半から、保育の事務作業全般を補助する「保育業務支援システム」という SaaS が（以下「保育 SaaS」という）、公立・私立の保育園に普及してきました。自治体に保育 SaaS の導入が進んだのは、政府が支給する保育 SaaS 導入費用の補助金の対象に、公立保育園[1]を拡張したことにあります。補助金は一施設当たり最大 100 万円が補助されることから、自治体の導入費用は極めて安くなります。政府の補助金により、自治体で保育 SaaS の導入が急伸し、現在は全国の自治体で約 4 割、都内区市では約 8 割が導入しています。

　政府が 2023 年 10 月に設置した、内閣総理大臣を議長とする会議体「デジタル行財政改革会議」は、「デジタル行財政改革会議取りまとめ2024」（以下「取りまとめ 2024」）で、「2025 年度中に保育施設等における ICT 端末導入率 100% を目指し環境整備を進める」方針を明らかにしました。これにより保育 SaaS は公設・民設の全ての保育施設に導入される見通しです。

1　厚生労働省「保育所等における ICT 推進事業の補助金」。2017 年度予算から実施。1 施設当たり最大 100 万円（総事業費の 3/4。2023 年から総事業の 4/5）。2023 年度からこども家庭庁「保育所等における ICT 化推進事業（ICT 補助金）」が都道府県と市区町村を対象に、1 施設当たりの上限は 130 万円の補助で行われる。

　保育 SaaS を導入することは、紙とペンからタブレット端末へ、「道具」を替えることではありません。保育 SaaS を導入する意味とは保育に関わる事務作業全般をタブレット端末やスマートフォンで入力できるアプリで行えるようシステム化することです。保育 SaaS の特徴は、保護者と保育者が入力したデータが、SaaS 提供企業のクラウドサーバに収集と保管、利活用されることです。保育園は保育 SaaS がなければ業務システムとデータが使用できないため、保育 SaaS に依存せざるを得なくなります。

　自治体事務システムの SaaS 化は保育園だけではありません。2025年度末を期日に全国の自治体が自治体情報システムの標準化・共通化を行い、ガバメントクラウドを活用した標準準拠システムへの移行を進めています[2]。標準準拠システムの提供は SaaS で行う方向で議論が進められています[3]。一方、SaaS が行政サービスにもたらす影響についての検討は少なく、関係者は問題が何か気付けていないこともあります。

　筆者は、共著『保育・教育の DX が子育て、学校、地方自治を変える[4]』で、保育園が保育 SaaS を導入することで、保育の事務作業全般がタブレット端末等にインストールしたアプリで行われ、入力したデータは保育 SaaS を提供する ICT 企業に収集・利活用が行われている実態について報告しました。

　本稿では保育 SaaS が保育のシステム化を進めている実態を報告しながら、保育 SaaS 導入で起きている問題点と、行政の SaaS 化がもたらす影響を検討します。

2　内閣官房「地方公共団体情報システム標準化基本方針」（2022 年 4 月 10 日閣議決定）。
3　デジタル庁「第 30 回地方自治体のデジタルトランスフォーメーション推進に係る検討会」（2023 年 6 月 26 日）。
4　稲葉一将、稲葉多喜生、児美川孝一郎『保育・教育の DX が子育て、学校、地方自治を変える』（自治体研究社、2022 年 10 月）。

⑴　**保育 SaaS とはなにか**

　保育 SaaS の現状を明らかにするうえで、まず保育 SaaS とは何か説明します。

　保育 SaaS の正式名称は、SaaS 型保育業務支援システムといい、約20 社の ICT 企業がサービスを提供しています。

　保育の事務作業は紙媒体を中心に行われてきました。保育園から保護者へのお知らせは、紙の「お便り」や「連絡帳」で行われてきました。そのため、保育者と保護者はともに手書き作業が多くありました。そこで保育労働者の事務作業をデジタルで補助するため、ICT 企業が保育 SaaS を作成しました。保育 SaaS はパソコン作業に不慣れな保育者でも利用できるようアプリで頒布されており、タブレット端末やスマートフォン、パソコンにインストールして利用します。タブレット端末とスマートフォンのアプリの場合、指でタッチする方法で入力できます。

　保育 SaaS の費用は月額課金制です。基本料金で保護者連絡や登降園管理などの基本機能が利用でき、サービスを追加するごとにオプション費用がかかるようになっています。自治体は、ICT 企業と業務委託契約を結び、保育園が保育 SaaS を利用します。

　ICT 企業は保育園に保育 SaaS を導入してもらうため、保育園のWi-Fi 環境づくりやタブレット等の端末の紹介・斡旋、国の補助金を申請するためのフォーマットづくりなどを手配し、導入を広げてきました。

①　**データ収集が必須**

　保育 SaaS の特徴は、利用者が入力したデータが ICT 企業に収集され利活用することを前提にしたシステムであることです。保育園は子どもの生活の場であり、日々の子どもの様子を多面的に記録します。保育 SaaS は保育者が記録する事項を、「子どもの発達記録」等の機能

としてサービス提供しており、アプリで子どもの記録をデータ入力できるようにしています。これらのデータは、CSV 形式で自治体もダウンロードして保有することはできますが、ICT 企業は保育 SaaS を契約する全ての保育園からビッグデータを得られます。これにより、ICT 企業と保育園にはデータ量で莫大な差が生まれます。

② 保育業務の基幹システム

保育 SaaS は保育の事務全般を網羅的に補助するシステムです。標準機能に、各種機能を追加していけば、保育の事務作業を保育 SaaS 内に一本化できるようになります。

保育 SaaS の機能は、保育園側からの改変ができないため、保育現場は保育 SaaS の機能に合わせて入力作業を行います。保育 SaaS を導入した保育園は、システムに事務を合わせていくことになります。

⑵ 公立保育園の４割超が導入

保育 SaaS を導入した自治体を見ていきます。保育 SaaS を提供する ICT 企業がホームページやプレスリリースで公表した資料等から、契約自治体数をカウントしてみました。

業界トップはA社の 576 団体で、圧倒的なシェアを得ていました。続くB社が 85 団体、C社が 70 団体、D社が 25 団体と契約していました（2024 年 8 月時点）。4 社の合計で 756 団体（43％）が導入していました。

東京都の約 8 割が導入 23 区は 9 割超

都内区市における保育 SaaS の導入状況を調査したところ、導入または導入を予定している自治体は 23 区では 21 区（91％）、多摩 26 市では 18 市（69％）でした。自治体との契約数で最多はA社で、23 区では 12 区、26 市では 7 市が導入していました（表 2 - 1）。

表 2-1　都区内における保育 SaaS の導入状況

自治体名	保　育	幼稚園	学童保育	母　子保健手帳	自治体名	保　育	幼稚園	学童保育	母　子保健手帳
千代田区	B	—	—	F	青梅市	—	—	—	—
中央区	A	—	A	F	府中市	A	—	—	F
港区	A	—	—	F	昭島市	—	—	—	E
新宿区	—	—	—	—	調布市	A	—	A	—
文京区	A	—	A	F	町田市	A	—	—	F
台東区	A	—	—	F	小金井市	A	—	—	F
墨田区	A	—	—	F	小平市	—	—	—	F
江東区	C	—	—	F	日野市	—	—	—	F
品川区	A	A	—	F	東村山市	—	—	—	—
目黒区	A	—	—	E	国分寺市	—	—	—	E
大田区	A	—	—	—	国立市	—	—	—	F
世田谷区	B	—	—	—	福生市	—	—	—	F
渋谷区	A	—	A	E	狛江市	A	—	—	E
中野区	A	—	—	—	東大和市	A	—	—	F
杉並区	—	—	—	—	清瀬市	—	—	—	E
豊島区	B	C	—	E	東久留米市	×	—	—	—
北区	—	—	—	F	武蔵村山市	—	—	—	F
荒川区	—	—	—	E	多摩市	—	—	—	—
板橋区	B	—	—	E	稲城市	—	—	—	E
練馬区	—	—	—	—	羽村市	×	—	—	—
足立区	A	—	—	F	あきる野市	—	—	—	F
葛飾区	C	—	A	—	西東京市	A	A	—	—
江戸川区	—	—	—	E	瑞穂町	×	—	—	—
八王子市	D	—	—	—	日の出町	×	—	—	—
立川市	—	—	—	F	檜原村	×	—	—	F
武蔵野市	—	—	—	F	奥多摩町	×	—	—	—
三鷹市	A	—	—	E					

※「×」は公立保育園なし。

2　国策で普及した保育 SaaS

　保育 SaaS は 2010 年代後半に ICT 企業がサービス提供を開始し、2020 年代から本格的に広がっています。サービス提供から数年しかたっていない保育 SaaS が、なぜ短期間で公立保育園に普及したのでし

ようか。

⑴ 保育者から導入を求める声は少ない

　保育園は自治体の中で、デジタル化が遅れている職場の一つです。公立保育園は子どもの人数に対して、保育者が足りないため、余裕がない状態で働かざるを得ません。保育者は、子どもの保育と同時並行で、子どもの生活の様子を記録します。また、保育者の勤怠管理等の事務も行います。保育者は、子どもの保育を最優先にするため、事務作業は昼食休憩時間中に行うことや、超勤で対応する場合もあります。事務を効率化するために、デジタルツールを導入することへの潜在的な要求はありながらも、目の前の子どもを保育することが最優先で、事務のデジタル化にまで手がつけられないのが現状です。業務が効率化されるかも分からない保育 SaaS を、保育者から積極的に導入を求める声は出にくい状況でした。また、そもそも保育 SaaS を認識している保育者も多くはありませんでした。そのため、保育者から自治体当局に保育 SaaS の導入を求めることや、労働組合から要求を出すこともありませんでした。

⑵ 国策化による広がり

　それでは、なぜ保育 SaaS が保育園に普及したのでしょうか。背景には、厚生労働省が民設保育園向けに支給していた「保育所等におけるICT 化推進事情の補助金」が、2019 年度補正予算で支給対象を自治体にも拡張したことです。これにより、保育 SaaS を導入する自治体が毎年増加し続けてきました。

　また、新型コロナウイルスによって、保育園が休園せざるを得ない状況が 2020 年以降、頻繁に起きました。保護者への連絡が紙媒体では物理的に困難になるなか、「一斉配信」機能がある保育 SaaS を導入す

る自治体が徐々に広がりました。それでも、保育 SaaS を導入する自治体が増えるペースは緩やかでした。

　こうしたなか、導入自治体が急伸する契機は、「デジタル田園都市国家構想交付金」[5]の対象に政府が位置づけたことです。政府が保育 SaaS の導入を位置づけ、補助金を支給することを決めて以降、公立保育園に普及していきました。

(3)　スタートアップ企業を優遇

　保育 SaaS の導入自治体で最多となる A 社を事例に、保育 SaaS が数的にどう増えたかを見ていきます。

　A 社のプレスリリースから、A 社の保育 SaaS と契約した自治体の公立保育園数を各年で積算し、グラフにしたところ（2019 年 1 月～2024 年 7 月）、2023 年から急伸していることが分かります。

　A 社の保育 SaaS を導入した自治体の増加と、政府のデジタル化を推進する文書に掲載されたことは相関しています。A 社は 2023 年 1 月に内閣官房デジタル田園都市国家構想実現会議事務局とデロイトトーマツ等がまとめた「行政との連携実績のあるスタートアップ 50 選」の「子育て・教育」分野に選出され、経済産業省が資料集として全国の自治体へ配布されました。その後も A 社は経産省が 4 月に公表した「政府・自治体職員必見！行政×スタートアップで社会課題解決へ『行政との連携実績のあるスタートアップ 100 選』」に掲載され、自治体に配布されました。同文書には政府と自治体職員向けにスタートアップ企業との連携のノウハウとスタートアップと連携した自治体担当のインタビューが続き、実績を認定されたスタートアップが掲載されています。また、A 社は「デジタル田園都市国家構想交付金デジタル実

5　厚生労働省「デジタル田園都市国家構想実現に向けた厚生労働省の取組について」（2022 年 11 月 30 日）。

図2-1　A社の保育SaaSを導入した自治体数

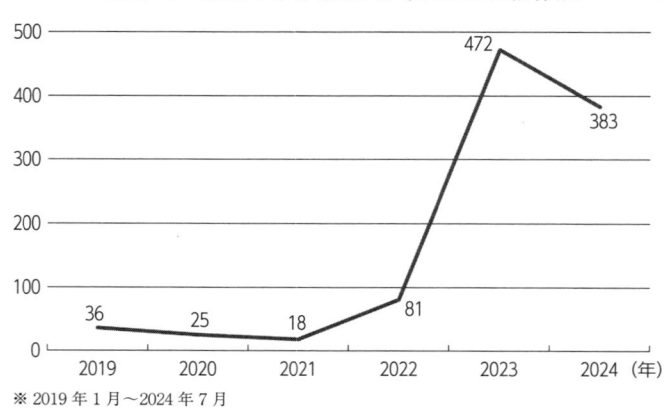

※ 2019年1月～2024年7月

装タイプスタートアップ活用加点措置に係る実績報告」（2023年4月）
や、「デジタル実装の優良事例を支えるサービスシステムのカタログ[6]」
（2023年5月）にも掲載されました。

　自治体が、政府から補助金を受けて保育SaaSの導入を検討する場
合、国が定める評価基準に基づいて業者を選定します。その際、政府
のカタログでお墨付きを与えられている企業が選定されやすくなりま
す。サービスカタログに掲載されたICT企業は、自治体が保育SaaS
をプロポーザル契約で募集を行う際、圧倒的に有利になります。

　A社は、国のお墨付きに加え、導入設置費用の補助金が政府から出
されるため、自治体に保育SaaSの導入にむけた営業がしやすくなり
ます。また、政府の補助金とサービスカタログに掲載されているのは、
保育SaaSだけではなく、「電子版母子手帳」などの子育てに関わる各
種SaaS提供企業が含まれています。政府によって、一部のICT企業
が優遇される状況となっています。

6　デジタル庁他「デジタル実装の優良事例を支えるサービスシステムのカタログ」（2023年5
　月）42頁。

3　行政サービスの SaaS 化を子育て分野から

　次に、保育 SaaS の全施設導入と一体で進む、子育て分野を突破口にした行政サービスの SaaS 化の現状を報告するとともに、これによって引き起こされる課題を検討します。

⑴　SaaS を利用した「プッシュ型子育て支援」

　取りまとめ 2024 は「保育業務届一度きり原則（ワンスオンリー）や保活ワンストップの実現のためには、保育所等の現場における ICT 環境が前提となる」といいます。そして、「2025 年度中に保育施設等における ICT 端末導入率 100％ を目指し環境整備を進める」といいます。つまり、政府として保育 SaaS を全ての保育施設に普及する方針を明らかにしました。

　また、保育 SaaS の普及と一体に、スマホアプリによる「プッシュ型子育てサービス」を 2025 年度以降に実施する方針を明らかにしました。

　プッシュ型子育てサービスとはどのようなものでしょうか。取りまとめ 2024 は、プッシュ型サービスについて次のように説明しています。

　「現状では、子育て支援制度やその申請方法が複雑で自治体ごとにバラツキがあるため、子育て世帯にとって必要な情報を自ら調べて把握する負担が大きい。こうした課題の解決を図るため、<u>必要な情報を最適に届ける仕組みを構築する</u>[7]」（下線筆者）。ここでいう、必要な情報を届ける仕組みが、保育 SaaS や「母子健康手帳アプリ」などの ICT 企業が提供している SaaS です。

　ICT 企業が SaaS から、行政情報を住民に届けるためには、住民情報と子育てに関する行政情報のデータが必要です。そこで、「2024 年

　7　内閣官房「デジタル行財政改革取りまとめ 2024」（2024 年 6 月）8 頁。

度に全国の子育て支援制度の網羅的調査を実施し、同年度中に『子育て支援制度レジストリ』を整備する。子育て支援制度の網羅的調査やレジストリ情報の継続的な更新に向けて通知を発出し、自治体の協力を要請する。整備されたレジストリを民間の子育てアプリと連携可能とする[8]（下線筆者）といいます。ここでいうレジストリとは、自治体の補助金等の支援制度等を集約し、ICT企業等が利活用できるようにしたデータベースのことです。

　取りまとめ2024は、プッシュ型サービスによって目指す状態として、「子育て世帯が必要な情報を、電子母子健康手帳アプリや保育園連絡帳アプリなど日常使う子育てアプリに、最適なタイミングで先回りしてスマートに配信する仕組みを2025年度以降実現する[9]」（下線筆者）といいます。

⑵　東京都でプッシュ型支援を先行実施

　東京都は、デジタル行財政改革会議「中間とりまとめ」[10]の段階で、「プッシュ型子育て支援の実現」の方針が出たことをうけ、これを実現するための官民連携機構として「こどもDX2025つながる子育て推進会議」（以下「こどもDX2025」という）を2023年12月15日に設置しました。都は国と連携しながら、全国に先駆けて子育て分野の「プッシュ型支援」を2025年度までに実現を目指すとしています。

　子どもDX2025の構成員は、東京都と都の政策連携団体「GovTech東京」[11]、民間企業から一般社団法人こどもDX推進協会（以下「推進協会」という）の3者です。推進協会については4節でふれます。

8　同上。
9　同上。
10　内閣官房「デジタル行財政改革会議中間取りまとめ」（2023年12月）。
11　詳しくは稲葉多喜生「『GovTech東京』は東京都と区市町村に何をもたらすか」『住民と自治』第728号（2023年12月）を参照。

　それでは、都が全国に先駆けて具体化を進めているプッシュ型支援とはどのようなものでしょうか。都は「行政が先回りして、その人の状況に応じたサービスをプッシュでお知らせ、申請後迅速にサービス提供[12]」するといいます。

　つまり、プッシュ型支援とは、行政サービスの提供を、住民が窓口に訪れて行政に申請し、行政が提供する方式から、ICT 企業と行政が連携して、アプリ経由で住民にサービスを提供する方式に切り替えるものです。

　ICT 企業が自社のアプリでプッシュ型支援を行うためには、住民情報と行政サービスの情報が必要です。プッシュ型支援は、住民に個別化したサービスを提供することを目指していることから、個人情報も必要になります。また、アプリでプッシュ型通知を行うためには、自治体ごとに異なる子育て支援制度を、ICT 企業が利用可能なデータに整備しなければなりません。

　そこで都は、自治体ごとに異なる各種制度等の情報を、区市町村から集めて集約し、利活用できるようにデータを構造化する「子育て支援データレジストリ[13]」の整備を GovTech 東京に行わせるといいます（図 2 − 2）。住民へのプッシュ通知を担うのは推進協会の会員企業の各社で、すでに住民へサービス提供が行われているアプリで実施します。

(3)　プッシュ型へ移行

　東京こども DX2025 は取り組み状況を報告する第 2 回会議を 2024 年 6 月 7 日に開催し、プッシュ型支援の到達状況が報告されました。

　プッシュ型支援をおこなうためのデータを集約した「子育て支援制度レジストリ」は、GovTech 東京が都内区市町村から約 130 制度を集

12　東京都「東京デジタル 2030 ビジョン」3 頁（2023 年 9 月 11 日）。
13　こども DX 推進協会「こども DX 推進に向けた官民連携について」5 頁。

図2-2 「子育て支援レジストリ」の実装

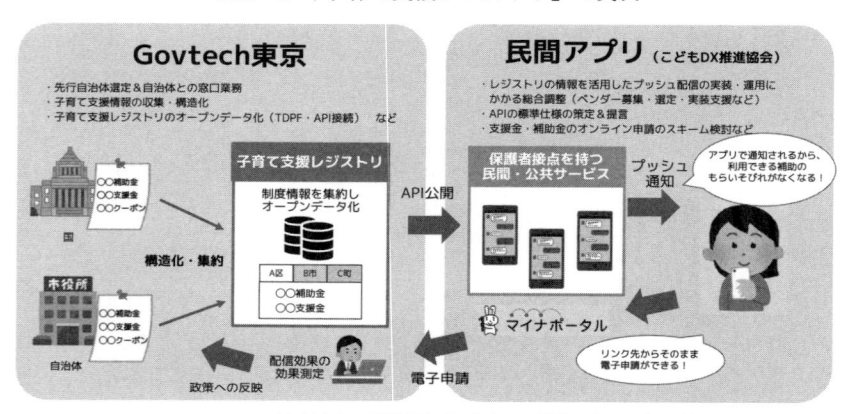

（こども DX 推進協会「こども DX 推進に向けた官民連携について」より）

約し、東京都のオープンデータカタログに掲載するといいます。プッシュ型支援を請負う ICT 企業は、このデータを利用します。

　プッシュ型支援を行う ICT 企業は、こども DX 推進協会の会員企業の4社で、2024 年度からさらに5社が追加されます。

　プッシュ型支援の先行実施を開始した自治体は6自治体（江戸川区、町田市、瑞穂町、千代田区、豊島区、葛飾区）です。

　プッシュ通知の効果について報告した、こども DX 推進協会代表理事の小池義則氏（株式会社コドモン代表取締役）は、民間の SaaS から住民にプッシュ通知をしたところ、1週間で9割が閲覧されているといいます。

　このことからも、プッシュ型サービスの情報が住民への到達度合いが高いことが分かります。スマートフォンを日常的に利用する子育て世代の住民にとって、現在使用している保育 SaaS のアプリや母子手帳のアプリに、子育てに関する行政サービスが、プッシュ型で通知されれば、自治体窓口へ行く手間が省け、申請漏れや制度のもらいそびれも防げるなど、便益が得られ、住民福祉の向上につながる可能性が

あります。

⑷ 行政サービスの主導権が ICT 企業へ

第 2 回会議で中間報告をした推進協会の小池義則代表理事は、プッシュ通知をより発展させるための課題について、住民に「個別最適化」された情報を配信するためには、ICT 企業へ「行政が持つ住民情報」の公開と、ICT 企業が行政情報を住民に向けて配信するために利活用しやすいよう「リライト」しなければならない状況にあることから、データ連携基盤の整備を訴えました。

都のプッシュ型支援は ICT 企業が主導しています。自治体は ICT 企業がプッシュ型支援を行うために、自治体の住民情報と行政情報をデータにして公開する構図です。子育て行政サービスは窓口申請から ICT 企業よる SaaS に切り替える流れが本格的に進んでいるといえます。

プッシュ型サービスは、子育て世代の住民から、窓口へ行って手続きすることの煩雑さや紙の量の多さなどの課題が出され、これを改善するための取組みとして進められています。また、保育 SaaS を提供する ICT 企業を中心に、行政サービスをプッシュ型にして民間 SaaS の活用が訴えられてきました。

とはいえ、行政サービスを ICT 企業のアプリに切り替えを決めることは、飛躍しているのではないでしょうか。プッシュ型支援を行うという理由で、ICT 企業に住民情報と行政情報を提供してよいのでしょうか。

4　子ども DX 推進協会—ICT 企業が行政サービスの担い手に

子育て分野の行政サービスの SaaS 化について、「一般社団法人こども DX 推進協会」が影響力を高めています。ここでは、保育 SaaS を

はじめとする子育て分野の ICT 企業が、業界を挙げて行政サービスの SaaS 化を進める事例を報告し、課題を検討します。

(1) 設立直後に行政入り

推進協会は子育て支援に関するデジタルサービスを提供する ICT 企業で構成する業界団体で、子育て分野の DX に関わるシステム標準化と政策提言などを行うことを目的に 2023 年 2 月 20 日に設立されました。

2023 年 3 月 20 日に開かれた設立総会には、加藤勝信厚生労働大臣（当時）、河野太郎デジタル大臣が参加して来賓あいさつをし、小倉將信子ども政策担当大臣（当時）は、後半のパネルディスカッションのパネリストとして参加しています。シンポジウムのモデレーターには畑中洋亮氏が内閣官房こども家庭庁設立準備室政策参与（当時）の立場で参加しています。発足集会のテーマは「官民連携でこども DX を推進するための論点・方向性」で、子育て分野の行政サービスを進めるためにも、データの標準化や子どものデータ連携が話されています。

小倉將信氏は、2023 年 4 月に発足したこども家庭庁の初代大臣として就任し、子育て分野のデジタル化を進める検討会「こども DX 推進チーム」を設置しました。こども DX 推進チームには、推進協会のモデレーターを務めた畑中洋亮氏が政策参与に就任し、オブザーバーで推進協会代表理事の小池義則氏が加わりました。

(2) 政策提言が実現

推進協会は、2023 年 9 月 1 日に開かれたこども DX 推進チーム第 4 回会議で「保育 DX の実現に向けた提言」を報告し、①「（保育施設の DX 基盤として）保育 ICT の導入率 100％ に向けた体制整備」と、②「（自治体の DX 基盤として）自治体管理プラットフォームの標準化・共同調達支援」、③「（こども政策 EBPM に向けた）保育施設レジストリの

図 2-3　保育 DX の全体像

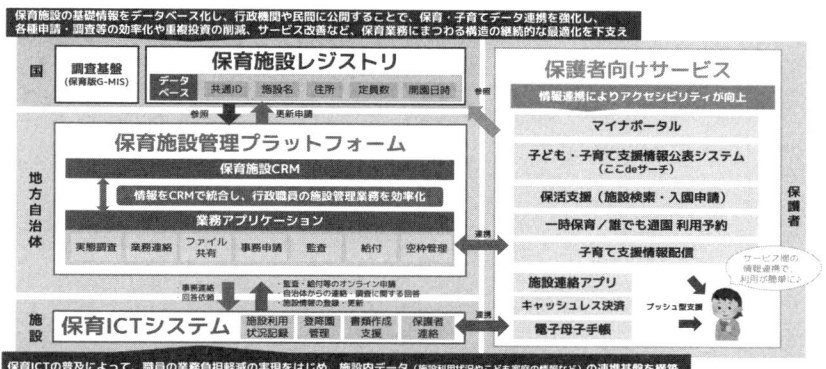

(こども家庭庁こども政策 DX 推進チーム「保育 DX の実現に向けた提言」より)

構築・運用」を訴えました[14]（図 2-3）。

　推進協会の小池氏と政策参与の畑中氏は、デジタル行財政改革会議が 2023 年 10 月 26 日に開催した第 4 回課題発掘対話にも参加し、こども DX 推進チームで報告に基づいて、同様の提言をしています。

　課題発掘会議で推進協会が提起した内容は、2 節で前述した通り、取りまとめ 2024 で方針化されました。さらに、3 節で紹介した東京都のこども DX2025 には、畑中氏が GovTech 東京の業務執行理事兼最高戦略責任者の立場で当事者として参加し、推進協会はオブザーバーではなく、民間代表の都の構成員として加わっています。ICT 企業は推進協会の設立によって、行政の内部に入り込み、行政サービスの当事者として、自社のサービスを行政サービスに組み入れはじめています。

(3)　ICT 業界が自治体システムをつくる側へ

　推進協会は業界団体の設立以降、政府機関や自治体に政策提言を行

14　こども家庭庁「こども DX 推進チーム（第 5 回）」資料 3「保育 DX の実現にむけた提言」（2023 年 9 月 1 日）。

い、行政サービスの SaaS 化を政府の方針として結実させています。取りまとめ 2024 には、推進協会が提起した「保育 ICT 導入率 100％」や「保育施設管理プラットフォーム」の実現、行政情報をまとめた「レジストリ」等が方針化され、東京都から具体的な取り組みが始まっています。また、母子健康手帳については、「電子版母子健康手帳を原則」とし、2026 年度以降は電子版で普及するといいます。東京都では、プッシュ型サービス支援を行政の立場から具体化を進めています。

　これから約 2 年間で子育てに関する行政システムは SaaS に切替えられ、システムの運営主体は ICT 企業が担います。ICT 企業が行政システムを SaaS で運用するためには、自治体ごとに異なる帳票等の様式を全国で標準化しなければなりません。自治体は、ICT 企業の SaaS に切り替えるために、システムの標準化が迫られようとしています。

⑷　データの不均衡—保有するデータの量に巨大な格差

　プッシュ型サービスによって、子育て世代の住民は、子育て支援に関する情報が日常で使用するアプリで知ることができ、手続きまで完結できれば、得られる便益は大きいでしょう。また、行政情報が日常で利用するアプリにプッシュ通知されるようになれば、行政からの情報の到達率や行政サービスの申請数も向上する可能性があります。

　同時に、プッシュ型サービスで SaaS を利用することは、住民データの収集も同時に行われることになります。推進協会は、保育 SaaS や電子版母子手帳、子育て分野のプッシュ型サービスを国策化させたことで、協会の会員企業のサービスを行政サービスとして取り入れられるだけではなく、行政情報と住民情報のデータも得られます。プッシュ型子育てサービスを行うことで、SaaS でプッシュ通知した情報が住民にどれだけ到達し、どれだけ内容が見られ、手続きへ進んだか等の新たなデータが大規模に得られます。また、保育 SaaS の「全園導入」

が本格的に進めば ICT 企業が収集できるデータ量は飛躍的に増えます。推進協会の会員企業が提供しているデジタル版母子健康手帳とデータ連携すれば、ICT 企業が得るデータは、日本国内のこどもを網羅することになります。

　ICT 企業が母子健康手帳と保育事務をデジタル化し、日本中の子どもの情報をビッグデータ化した「データ連携基盤」をつくって利活用すれば、これまでは存在しない規模の子どものモニタリングが行われることになります。

①　データの目的外利用

　子育て分野の行政サービスであれば、子どもの居住地や年齢などで支給要件が定められているので、要件が整った時期にプッシュ通知を行うことについては、問題はないものと思われます。しかし、推進協会は子どもの「データ連携基盤」を活用して「ライフイベントを起点とした一律の支援だけでなく、フィジカル＆メンタルの側面でフォローが必要な住民に個別に最適化された支援が可能になる」（図 2 - 4）[15] といい、これを官民連携での実現を目指しています。

　個別・最適化した支援は便利なように感じます。しかし、「フィジカル＆メンタルの側面でフォロー」を、ICT 企業が行うには、住民の心身に関する大量のデータを常に収集し続けなければなりません。また、「フォローが必要な住民に個別に最適化された支援」を行うことは、ICT 企業の基準で住民をデータで解釈し、判断を行うということです。データの原資は、SaaS 化された行政サービスで集約したデータです。

　保育 SaaS は、保育園から保護者への「連絡」や子どもの「記録」など、保育事務を補助するため、必要なデータを収集しています。保育園の事務補助を目的に収集したデータを、住民に個別・最適化した支援を行うために「データ連携」して利用することになれば、データ

15　こども DX 推進協会「子育て DX 委員会検討事項・今後の進め方」6 頁（2024 年 2 月 27 日）。

図2-4　行政手続きのオンライン化全体像

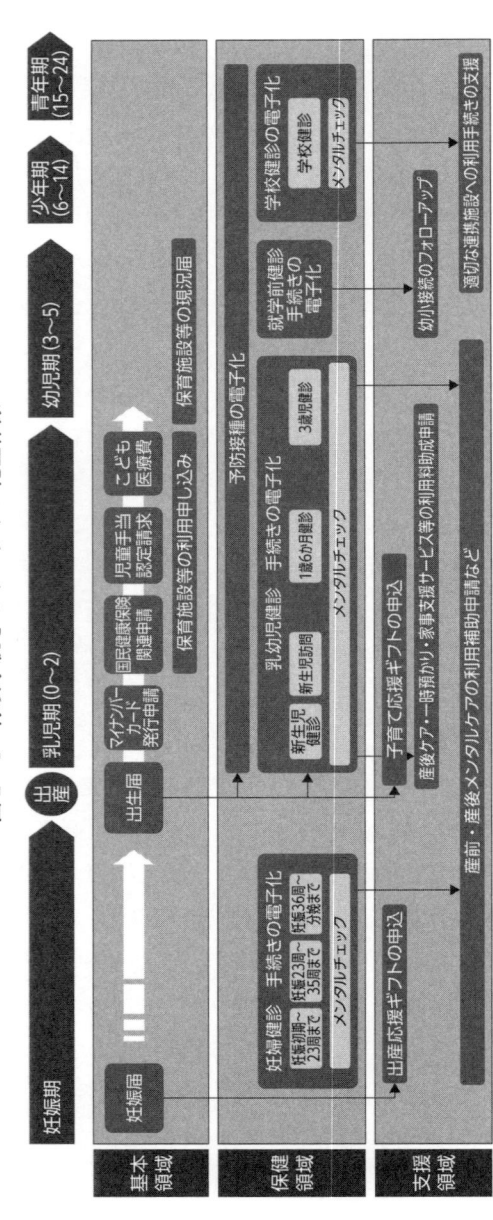

妊娠届や出生届のデジタル化をキーとし、ライフイベントに合わせた手続きは自動でできるようになる

さらに

妊婦や経産婦・新生児以降の健診手続きデータがデジタル化されると

ライフイベントを起点とした一律の支援だけでなく
フィジカル＆メンタルの側面でフォローが必要な住民に対して、
個別に最適化された支援が可能となる。

（こども DX 推進協会「子育て DX 委員会検討事項・今後の進め方」より）

の目的外利用になるのではないでしょうか。

　現状の行政サービスは住民からの申請に基づいて行われます。プッシュ型行政サービスによって、住民に抜けもれなく行政の情報を提供することは重要です。しかし、住民の個別・最適化は、ICT 企業のアルゴリズムによって解釈され、プッシュ型通知が行われることになります。行政サービスが SaaS によるプッシュ型に切り替わることは ICT 企業が住民を独自の基準で選別し、住民が自己決定する権利を奪うことになりかねません。[16]

②　ICT 企業主導で保育業務のあり方を変える

　推進協会の小池氏はデジタル行財政改革会議第 4 回課題発掘対話で、保育業務のあり方に言及し、保育 SaaS を利用することで「業務を簡素化し自治体をまたいで標準化し、そこにたいして BPR（ビジネスプロセス・リエンジニアリング）で最適な業務フローをつくることが非常に重要」[17]（括弧内筆者）と発言しています。

　続けて、保育園側から「うちの保育園の運営は独自だからね」ということを言われるが「7、8 割くらいは同じような業務をしているケースが多い。独自の取り組みは必要な要素だが、保育業務フローを設計することも必要」と発言しました。

　ICT 企業は保育 SaaS を導入した保育施設から得たデータをもとに、保育の方法を類型化し、保育業務のあり方まで変えることを狙っています。

　子育てサービスから行政手続きの SaaS 化が進んでいけば、ICT 企業の影響力がより増していくことになります。

16　GLOCOM 六本木会議「デジタル社会を駆動する『個人データ保護法制』にむけて（2022 年12 月）。

17　内閣官房デジタル行財政改革第 4 回課題発掘対話（2023 年 10 月 26 日）に出席した推進協会の小池義則代表幹事の発言（https://youtube.com/live/UWQ5FGJJiSU?feature=share）。

5　SaaS 化で曖昧になる自治体の個人情報保護

　ここまで、保育 SaaS をはじめとする子育て行政サービスの SaaS 化が、官民一体で広がっている実態を報告してきました。

　SaaS の特徴は、利用者が入力したデータが SaaS を提供する ICT 企業に収集されることです。子どもの個人情報を収集するためには、保護者の同意がなければできません。自治体は、公立保育園で保育 SaaS を導入するにあたり、保護者へ保育 SaaS の利用によって子どもの個人情報を収集することについて、説明と同意を得る必要があります。また、自治体は、保育者に対しても、保育 SaaS で行う子どものデータの入力は、ICT 企業にデータを提供することと一体の行為であること、保育者自身もデータ収集されていることについて説明が必要です。

　自治体は保育 SaaS を契約するにあたり、どのように住民に説明と同意を得る手続きをしているのでしょうか。本章では、保育 SaaS による同意手続きの実態が、自治体が本来行うべき個人情報保護に関する同意手続きと矛盾している実態を報告します。

(1)　保育 SaaS の同意手続き―ICT 企業と保護者間の個人同意

　保育 SaaS は利用者からデータ収集と利活用を前提していることから、SaaS を提供する ICT 企業は、利用者からデータを収集することを利用規約と個人情報保護方針に明記し、説明と同意を得なければなりません。

　しかし、保育 SaaS の利用者である保護者に対する説明は、保護者がスマートフォンに保育 SaaS アプリをインストールする際、スマートフォンの画面に表示される、「利用規約に同意する」ボタンを押す手続きだけです。インストールを行う画面には、細かな字で利用規約と個人情報保護方針の表記はあるものの、同意ボタンは、利用規約等を

読まなくても押すことができます。[18]

　そのため、多くの保護者が、保育 SaaS によって子どもの個人情報が数年間にわたって収集されることを知ることができない可能性があります。

　自治体の公立保育園は子どもの個人情報を大量に取り扱うため、保育園の入所の際には、保育園で取り扱う子どもの個人情報に関する説明をします。また、保育園のお便りや保育園のホームページ等の公の発信の時に子どもの写真などを掲載する場合、保護者には説明を受けて理解したことを確認して同意したことを書面に署名してもらいます。自治体の保育現場は、子どもの個人情報の取り扱いについては明示的な説明と同意手続きを行います。

　しかし、保育 SaaS について、子どもの個人情報を収集し、利活用していることについての説明は行われていません。保護者に説明するのは、保育 SaaS を使用することと利便性だけで、個人情報を収集することについての説明は一切ありません。

　保育 SaaS は自治体が ICT 企業に業務委託契約をし、自治体は保護者に保育 SaaS のアプリを利用してもらうため、スマートフォンにインストールしてもらうようお願いします。

　スマートフォンにアプリをインストールして利用するには、利用規約と個人情報方針に同意しなければなりません。保育 SaaS の利用規約と個人情報保護方針に同意することは、ICT 企業に子どもの個人情報を長期にわたって収集・利活用されることについて、同意することです。自治体は保護者に保育 SaaS を利用してもらうのであれば、このことについて、十分な説明をしながら同意を得なければなりません。

18　個人情報を収集することへの「説明と同意」の手続きが、アプリをインストールする際に表示される「同意ボタン」で完結する仕組みについては拙稿「保育業務の SaaS 化とテック企業のデータ寡占」で詳述しています。稲葉一将、稲葉多喜生、児美川孝一郎『保育・教育の DX が子育て、学校、地方自治を変える』（自治体研究社、2022 年 10 月）、58～60 頁。

しかし、保護者は自治体から保育 SaaS の登録をお願いされるだけであるため、ほぼすべての保護者が、利用規約を読むこともなく、「利用規約に同意」ボタンを押して、インストールしています。

　アプリによる同意手続きは、ICT 企業と利用者間の手続きになります。そのため、利用規約を読んだか否かは、保護者の責任になります。自治体は保育 SaaS を導入するのであれば、アプリによる同意手続きを保護者任せするのではなく、個人情報収集への説明を自治体として行ったうえで、同意手続きをしてもらうよう取り組む必要があります。

⑵　自治体は ICT 企業とどのような契約を結んでいるか

　自治体は、保育 SaaS を提供する ICT 企業とどのような契約をしているのでしょうか。契約書の内容を明らかにするため、保育 SaaS 大手の A 社と契約する都内 E 区に、契約書を情報公開請求して内容を確認しました。

保育園の個人情報保護手続きに違反する

　契約書は「令和 6 年度における保育支援システム運用等業務委託」と題し、第 1 条（定義）の 1 号で、「『本規約』とは、本サービスの利用者に共通して適用するものとして定めた、乙所定の本サービスの利用規約のことを言います」としています。

　E 区は保育 SaaS の契約を行うにあたり、A 社の利用規約の内容を、E 区の個人情報保護手続きに合わせて改訂することなく利用するとしています。

　第 2 条（本サービスの提供）の 2 号では、「乙は、契約施設毎に、本契約及び本規約に基づき、甲に対し、契約サービスを提供する」としています。続く第 2 条 3 号では「なお、本契約と本規約が矛盾する場合は、本契約の定めが優先して適用されるものとします」としています。別紙 5「機密情報の取り扱いに関する標準特記仕様書」には、個人

情報の取り扱いを定めています。仕様書の第1条は「受注者は、この契約による事務の実施にあたり、個人情報を取り扱うときは、その保護の重要性を認識し、個人の権利利益を侵害することのないよう、個人情報の保護に関する法律（特定個人情報を取り扱う場合は、行政手続きにおける特定の個人を識別するための番号の利用等に関する法律を含む。）その他の関係法令を遵守し、個人情報の漏えい、滅失又は毀損の防止その他関係法令を遵守し、個人情報の漏えい、滅失又は毀損の防止その他の個人情報の安全管理のために必要かつ適切な措置を講じなければならない」としています。2項では「機密情報を適正に取り扱わなければならない」と定めています。

　しかし、仕様書は SaaS 等のクラウドサービスの特性を踏まえて、事業者に対して住民の個人情報収集を規制する内容になっていません。これにより A 社は自社の利用規約に基づいて、E 区の保育園から得たデータを利用できるということです。

　保育 SaaS の利用規約には、個人情報の収集と利活用を行うこと、保育 SaaS から得た子どもと保護者、保育園のデータは、子どもが卒園後も利用し続けることなど、ICT 企業がデータを使い続けられることが明記されています。自治体が契約した保育 SaaS を利用することで、ICT 企業がデータを収集していることについての説明が行われていないことは、公立保育園で行なっている個人情報保護に関する同意手続きと矛盾すると思われます。

　保育 SaaS の利用規約は ICT 企業が商業利用で利活用するために、利用者から得たデータを自由に利活用できるように作成されています。A 社は個人情報の利用目的について「個人情報の取り扱いについて」で次のように記しています。

　「取得したサービスの利用履歴やアンケート回答等を分析し、興味・関心に応じた各種商品・サービス案内等の情報提供、品質向上、企画

開発及びマーケティング」、「当社又は第三者のサービスに関するダイレクトメールの発信」「その他情報配信、広告配信」に利用するといいます。

公立保育園は保護者の動向や利用履歴を見て、趣味嗜好を分析することはありません。また、保護者の嗜好を推測してサービス行うことや、第三者からダイレクトメールを送ることはありません。しかし、A社の利用規約には保護者のデータを、プロファイリングに利用し、商業利用に利活用するとしています。

住民がアプリのインストールを行う際に行われる、利用規約を読むことも説明も受けずに同意ボタンを押す手続きで、自治体として明示的な同意手続きを行ったとは言い難いのではないでしょうか。自治体が行政サービスで、住民の個人情報を扱うとき、個人情報収集の同意手続きを ICT 企業と個人がアプリによる同意手続きで行わせて良いのでしょうか。

自治体は、業務委託契約を行う際、サービス利用規約を精査し、ICT企業の都合よく収集・利活用されないよう点検することが必要です。そして、住民の個人情報が商業利用のために分析されることや、利用目的の枠を超えたデータ収集と利活用が行われることがないよう、ICT企業の利用規約のカスタマイズが必要です。

(3) 改正個人情報保護法で自治体のチェック機能が弱体化

2021 年 5 月に成立した個人情報保護法で、地方自治体が個人情報保護条例で定めた、これまでの個人情報保護の仕組みが使えなくなりました。自治体が設置する個人情報保護審議会等が、SaaS 等の個人情報収集を前提とした外部委託を行うことについて、審議することが許容されなくなりました。

これにより、保育 SaaS 等の契約を自治体が決める際の担当者は、保

育課など所管課の管理職になります。自治体の職員はジョブローテーションで様々な分野で知識を蓄えるとはいえ、新たなサービスであるSaaS の特徴まで把握しているわけではありません。一方で、政府が保育 SaaS の導入を促進し、ICT 企業から便益の説明をうければ、個人情報保護について十分な検討や対策をすることもなく、導入を決めてしまうことが起こりえます。

6　海外の保育 SaaS は個人情報をどのように取り扱っているか

　先進的な保育施策を進めるニュージーランドの保育園では、保育SaaS が 8 割以上の保育園で導入されています[19]。ニュージーランドで最も普及している保育 SaaS の「Storypark」（以下、「ストーリーパーク」という）は 37 ヵ国、11,000 保育施設で導入されています。

　ニュージーランドのストーリーパークと、日本の A 社が利用者の個人情報をどのように取り扱っているか[20]、ホームページから比較して違いを見ていき、課題を検討します。

(1)　子どもを中心にした SaaS

　A 社のホームページのトップ画面を開くと、タブレット端末をもった保育者の画像が現れます。最初に出てくるコンセプトの文書は、保育者に「子どもと向き合う時間と心のゆとり」と書かれています。続いて表示される、保育 SaaS の機能を見ていくと、保育者の業務を効率化するという機能が紹介されています。A 社の保育 SaaS が、少ない人数の中で働く保育現場の効率性を重視したシステムであることが見えてきます。

19　池本美香「ニュージーランドの保育における ICT の活用とわが国への示唆」JRI レビュー2017Vol6.No.45.

20　ストーリーパークホームページ「https://main.storypark.com/」。ホームページの和訳はGoogle 翻訳を使用。

　ストーリーパークはどうでしょうか。トップ画面に表示されるコンセプトは「家族のコミュニケーションと関わりを強化する」と書かれています。機能の説明を見ていくと、「効果的な双方向のコミュニケーションが可能になり、重要な最新情報、メッセージ、写真、お子様の日常生活や学習状況を共有」できると、子どもを中心に、保育者と保護者が双方向で子どもの様子を共有しながら意見交換ができることが紹介されています。また、ストーリーパークで保育者と保護者が子どもの情報を共有する中心となる機能が、「ラーニングストーリー」です。園での子どもの様子を記録し、保護者に共有するだけではなく、子ども自身も自分の成長を振り返るための記録になっています。

　A社の保育SaaSの場合、保護者と保育者以外で、子どもが見ることを想定していません。子どもの写真販売や、連絡帳の製本機能等はありますが、長期的に子どもの様子を記録し、保護者と子どもで振り返る機能はありません。

⑵　個人情報の取り扱い方を明記

　A社の保育SaaSとストーリーパークは、子どもの個人情報に対する考え方と、ホームページの取り扱い方は、全くと言ってよいほど異なっていました。

　A社のホームページでは、個人情報の取り扱いに関して説明するために特別に設けている項目はありません。ホームページに個人情報保護方針と利用規約は明記されていますが、文面にたどり着くには、ホームページの最下層までスクロールしなければならず、表示されている文字の大きさは、ホームページ内で最も小さい字で記されています。個人情報保護に関するA社の考え方を、読んでもらうつもりがないと思われます。

　一方、ストーリーパークのホームページには、「プライバシーとセキ

ュリティ」が、鍵のマークのイラスト付きで画面上に分かりやすく表示されています。説明書きには「当社は信頼された情報を尊重し、最先端のプライバシーおよびセキュリティ対策を実施しています」と書かれており、詳細説明にアクセスするリンクボタンがあります。

　リンクボタンを開くと、「子どもの安全に関する当社の取り組み」が、「教育者向け」と「保護者向け」のページで区分され、どちらも読むことができます。

　教育者向けのページでは、「サイバーセキュリティとは何か」と、インターネットを安全利用するための注意書きと、ストーリーパークのセキュリティ対策が説明されています。そして、ストーリーパークは「子ども、教師、家族が互いにストーリー、写真、ビデオを共有するためのパスワードで保護されたプライベートスペースです。子どもの情報とストーリーへのアクセスは主な保護者によってのみ許可され、個人情報は第三者と共有されません」と、個人情報を保護する考えを明記しています。

　また、「子どもの安全に関する社内ポリシー」のページのリンクもつけられており、内容を読んでいくと、プライバシーについては「記録されるすべての個人情報は、スタッフ、ボランティア、保護者、子どもなど、関係する個人のプライバシーを尊重します。当社では、個人情報が保護されるように、安全対策と慣行を実施しています。誰もが、この情報がどのように記録され、それがどのように使用され、誰がそれにアクセスできるのかを知る権利があります」と、ストーリーパークの利用者は、自分たちの個人情報がどのように取り扱われているかを知る権利があることを示しています。

　AI の活用については、「ストーリーパークの責任ある AI への取り組み」で考え方を示しています。AI は、「教育者やそのコミュニティと協力することで、当社の AI ツールが実用的で効果的であり、幼児教

育分野のニーズに合致していることを保証します。この双方向のアプローチを通じて、私たちは教育者のあらゆる活動に力を与え、刺激を与えることを目指しています。私たちは、各教育者の専門的な直感と自主性を尊重しています。AIは補完的なパートナーであると考えています」と、教育者と協力しながら開発すること、AIは補助的ツールであるといいます。また、子どもに対するAIの利用については「教育者や子どもたちに悪影響を及ぼす可能性のある、データやアルゴリズム内の不公平な偏見を排除するために積極的に取り組んでいきます」といいます。

さらに、「データ所有権」についても明示しており、「ストーリーパークはあなたのストーリーや情報を所有するわけではなく、単にあなたのために保管するだけです。コンテンツが最初からあなたのものであった場合、ストーリーパークにそれを投稿した後もそれはあなたのものです。アカウントを閉鎖することを選択した場合は、ストーリーをコンピューターにダウンロードできます。方法については、こちらをお読みください」と、データの所有権は子どもにあること、アカウントを削除しても、ストーリーパークで記録したストーリーをダウンロードして残すこともできるとしています。

(3) 保育者に個人情報保護の説明方法を示す

ストーリーパークは保育者へむけて、「保護者が（利用規約に）同意書に同意していない場合」（括弧内筆者）の対応方法についての解説ページもあります。

保護者向けのアプリの画面を表示しながら、「親が不安を抱えていたり、何をしたらよいか分からない場合」の説明方法を詳細に示しています。

また、保護者向けの説明では、保護者に向けて「自分の子どもに関

しては、ストーリーパークの外で何を共有するかはあなたの選択です。ただし、幼い子どもはオンラインで何を公開するかを自分で決めることはできないので、共有するものが子どもにとって最善のものになるようにする責任があることを忘れないでください」と注意書きしています。

7　個人情報の適正な取扱いにむけて

(1)　十分な情報提供と同意手続きを行うこと

　自治体が住民の個人情報を取得する際は、目的と収集範囲を明示し、住民の同意を経てから行います。しかし、保育 SaaS の場合、これらの手続きが省略されています。

　背景には、保育 SaaS が個人情報収集を前提としたサービスであることについて、契約に関わる所管課の職員が把握しておらず、どのように対処したらよいか分からないのが現状です。

　また、保育 SaaS を提供する ICT 企業は、保育 SaaS が子どもの個人情報を前提としたクラウドサービスであることをアプリやホームページでは、分かりやすく表示していません。また、ICT 企業のホームページから利用規約をわざわざ読む人は限られています。

　保育 SaaS は自治体（公立保育園）と保護者が利用します。自治体は、保護者へ説明責任があります。しかし、現状は保護者が保育 SaaS のアプリをインストールする際に画面上に表示される、利用規約とプライバシーポリシーへの同意手続きに任されています。これでは、自治体として明示的な説明と同意手続きを行っているとはいえません。自治体として保育 SaaS を導入し保護者に利用を求めるのであれば、保育園の入園説明会などの際に、保育 SaaS の利用目的と、個人情報収集が前提であるシステムであること、利用しない場合は、紙の連絡帳も選択できること等を丁寧に説明し、同意を得るべきです。

(2) ホームページ等で個人情報収集の目的と利用範囲の明示を

　自治体は保育 SaaS を提供する ICT 企業に対して、個人情報収集の利用目的と収集範囲の説明を、自治体と保護者に行うよう求めることが必要ではないでしょうか。

　さらに ICT 企業には、自社のホームページ等に、個人情報の利用目的と利用者のデータ収集を行っていることについて分かりやすい場所に明示した説明の項目を設けるなどを求めるべきではないでしょうか。また、保護者がアプリのインストールを行う際に同意が求められる利用規約は 1 万字を超えており、スマートフォンで読める分量ではありません。また、読んでも理解できない場合もあります。個人情報保護方針と利用規約について、最低でも概要を示すことや、動画等による説明を行うなどの対応が必要と思われます。

(3) 保育者への研修

　保育園で保育 SaaS を利用する保育者には、保育 SaaS が個人情報を収集し利活用するシステムであること、保育者が入力した子どもと保育に関するデータは ICT 企業が利活用することについての説明が行われていません。自治体は、保育 SaaS を利用する保育者に対して SaaS の特性についての研修を実施する必要があります。

(4) データの目的外利用の禁止

　推進協会は、保育 SaaS 等の自治体事務の SaaS 化で得たデータを活用して、「個別・最適化サービス」という、新たなサービス提供を行うことを構想しています。しかし、保育 SaaS で収集するデータは、保育事務の効率化を目的にしたものであり、プロファイリングのために収集しているものではありません。便益をたてにして、利用目的を逸脱したデータの利活用を認めることは、目的外利用になります。目的

を超えたデータ収集と利活用を認めてはなりません。

(5) データの返還

　A 社は利用規約で、保育 SaaS の利用者から収集した子どもと保護者、保育者、保育園から得た個人情報については「保有・利用」できることを明記しています。一方、A 社との契約終了後は、「本サービス上に保存等した一切のコンテンツが消滅する場合がある」としています。これでは、業者を変更する場合、これまで入力したデータの引き継ぎが困難になります。

　自治体は ICT 企業との契約で、保育 SaaS の契約を終了する場合、入力したデータについては、利用可能な形式で自治体に返還するようにしなければなりません。また、契約終了後は、保育 SaaS で収集したデータを消去し、その結果を自治体に報告するよう求めるべきです。

(6) 利用環境を整備しなければ保育 SaaS は機能しない

　保育 SaaS は、保育事務を補助するシステムであり、保育者を代替するものではありません。日本の保育 SaaS が、保育者の時短や効率化を目指すための機能になっている背景には、保育園の人員配置が少なすぎるからです。

　ICT 企業は、保育 SaaS の導入で事務を効率化し、保育者が「保育に専念する時間をつくる」ことをうたい文句にしていますが、人員配置が足りない職場においては、保育 SaaS がもたらす時短効果は部分的です。また、保育 SaaS は利用環境が整わなければ、手書き作業よりも非効率になる実態が明らかになっています。

　都内の A 区では、保育 SaaS の入力中にネットワークが切断して、入力中のデータが消え、再入力しなければならないことが起きています。都内 B 区では、タブレット端末の台数をクラスに 1〜2 台にしている

ため、入力待ちが起き手書きよりも時間がかかっています。

　また、保育SaaSの利用によって、保育者の心身への負荷も起きています。保育SaaSで子どもの連絡帳の入力をする作業時間の多くは、子どもの午睡時間に行われます。午睡環境は子どもが寝るために、電気を消すので、タブレット端末への入力作業は暗所で行うことになります。午睡中の子どもの様子を見守りながら無理な姿勢で入力作業を行うため、保育者は体の負担と目の疲れが起きています。

　保育者は保育園内を常に動き続けなければならず、また予測できない子どもの動きに等によって、タブレット端末を落下してしまうことも少なくありません。保育園では、事務作業で使用することを想定したタブレット端末では、すぐに故障してしまいます。

　保育SaaSの目的は「保育業務の効率化」「子どもと向き合う時間を増やす」ことです。目的を達成するためには、安定したネットワーク環境の整備と、ハードな利用環境でも耐えられるタブレット端末を保育者の人数分の端末を、予備機も含めて揃えることが必要条件です。

　また、保育者は常に子どもを見ていなければなりません。保育SaaSによって、タブレット端末に目が向く状況がつくられることで、逆に保育の妨げになる状況も起きています。ある保育園では、保護者から「先生はいつもタブレットを見ている」と指摘する声が出ています。これは保育者が少ないがために、保育をしながら、タブレット端末で保育SaaSを入力しなければならなくなっているからです。

　利用環境が整わないもとで保育SaaSを導入すれば、保育者にとっての新たな負担になりかねません。

⑺　時短を中心にした利用ではなく、子どもの成長を中心にした利用へ
　ストーリーパークは、子どもを中心に据えて、保育者と保護者の双方向の交流とつながりの強化を目的にしたシステムでした。それでは

ニュージーランドの保育者はストーリーパークをどのように利用しているのでしょうか。

　ストーリーパークの主たる機能は、保育園で過ごす子どもの様子を伝える「ラーニングストーリー」です。ラーニングストーリーは、子どもの様子を文章と写真や動画を添付して、保護者へ送付します。これは、日本の保育 SaaS の連絡帳と変わらないように思えますが、ニュージーランドの場合、保育者がラーニングストーリーの作成にかける時間が保育者 1 人あたり週 1.5 時間〜3 時間与えられます。

　保育者はラーニングストーリーを書くため、ノンコンタクトタイムという、子どもたちから離れて、職員室内で集中して作業する環境が与えられます。ラーニングストーリーは、「子どもの興味がどこにあり、どんな可能性を秘めているか」等を切り口に、何枚もの記録をつくっていきます。これが一人ひとりの子どものポートフォリオになり、卒園日まで子どもの手の届くところに保管されます。[21]

　ニュージーランドの保育 SaaS の実践からいえることは、保育 SaaS は、子どもを中心に据えた保育の質の向上を高めるためにあるべきではないでしょうか。また、子どもに向き合う時間が確保されることなしには、保育 SaaS の利用によって保育の質の向上にはつながりにくいということです。

　日本の現状は、保育者の事務負担の負担軽減のためになっています。保育者の事務負担の軽減は必要であり、デジタル化によって効率化が進んだ事務もあります。しかし、保育者不足という根本的な問題の解決は保育 SaaS ではできません。保育者が子どもと向き合う時間を増やすためには、常勤の保育者の定数を増やすしかありません。また、保育事務については、すべての事務で「時短」を目指すべきではありま

21　谷島直樹『ニュージーランドの保育園で働いてみた　こども主体・多文化共生・保育者のウェルビーイング体験記』（ひとなる書房、2022 年 1 月）50〜56 頁。

せん。子どもの発達に関する記録や保育の指導方針等をつくることについては、保育者が子どもと向き合う時間をかけてこそ、保育の質の向上につながるのではないでしょうか。

　子どもの発達にとって保育 SaaS はどのように利用すべきか、時短と効率化を図るべき業務はなにか、逆に時間をかけるべき業務はなにか、保育者の視点を取り入れながら、導入を進めるべきです。

　取りまとめ 2024 は、「利用者起点で目指す姿」のなかで「保育の現場では、紙を前提とした業務による、保育士や自治体職員の報告書作成等の事務負担が課題」であるとしています。そして、「実現に向けて必要となる取組」として保育 SaaS の全園導入を方針化しています。しかし、ここには保育者の声は反映されていません。保育の質を向上するための、デジタル技術の利活用については、ICT 企業まかせではなく、保護者の意見を取り入れて、システムを改善することが必要です。

補論　デジタル庁「モデル仕様書（保育業務支援システム）」について

稲葉多喜生

　政府方針で保育等の準公共分野の SaaS の活用が謳われる中、多くの自治体が ICT 企業が提供する SaaS の導入を進めています。デジタル庁は自治体が SaaS を導入するため、モデル仕様書を作成・公開をしており、さらに、どの ICT 企業を選べばよいかについての「デジタル実装の優良事例を支えるサービス／システムカタログ」を公表しています。自治体はデジタル田園都市国家交付金等の政府の補助金を得て導入を進めようとすれば、デジタル庁の仕様書を参考にすることが当然の流れになります。

　デジタル庁の仕様書は、事務作業で求められる機能要件を定めていますが、SaaS の特徴である利用者のデータを長期かつ大量に収集し利活用することを踏まえた、個人情報を適切に取り扱うための仕様を定めたものになっていません。

　SaaS の導入を検討する自治体担当者は、全員が SaaS の特徴等についての知識が十分にあるわけではありません。ICT 企業に都合よく住民と行政のデータ収集・利活用が行われないようにするための対策が求められます。

　そこで、本章はデジタル庁が公表するモデル仕様書「保育業務支援システム」（巻末の資料参照）に対して、自治体が個人情報の適正な取得と同意をするための仕様書にするための改善案をまとめました。

1　利用規約への同意の現状

　「保育業務支援システム」（以下、「保育 SaaS」という）は子どもの個人情報を長期にわたって収集することを前提にしています。自治体は保護者と保育者に対して、保育 SaaS の利用目的とデータの収集範囲を説明し、同意を得なければなりません。

　それでは、モデル仕様書は、利用規約への同意についての仕様をどのように定めているのでしょうか。

　モデル仕様書の中項目「利用規約等」にある小項目「利用規約への同意」には、「サービスの初回利用時やサービスに重要な変更を行った際には、利用者に利用規約の内容を提示し、確認（同意）をとることができること」と記しています。

　一見すると、利用規約を利用者に明示して同意を得るよう指示しているので問題はないように見えます。しかし、前述の通り、保育 SaaS はスマートフォンやタブレット端末で利用するアプリで提供されます。保育 SaaS を利用するためには、保育 SaaS をダウンロードして利用しようとする時、アプリの最初の画面に表記される、個人情報保護方針と利用規約に「同意」ボタンを押さなければなりません。同意ボタンは大きく、押しやすく表示されます。一方で利用規約と個人情報保護方針は小さい字が長文で表示されます。読み進めたとしても、質問することも解説を聞くこともできません。

　利用規約は 1 万字を超える長文で、スマートフォンの画面では読みにくく、内容も理解しやすいとはいえません。利用規約の内容を読まなくても押せるボタンが目の前にあれば、読まずしても押してしまう利用者が多いことは明らかです。

2　モデル仕様書の改善策

　自治体は、個人情報の収集と利活用に関する説明と同意手続きを曖昧にしてはなりません。特に保育 SaaS のように子育て分野で提供される SaaS は個人情報を大量に長期間にわたって収集します。こうした特徴を持つ SaaS の利用を保護者や職員に求めるのであれば、自治体は SaaS の特徴について、丁寧な説明と納得を前提とした同意を求める必要があります。

　そこで、仕様書を通して、ICT 企業に対して次の事項を遵守するよう求める必要があります。

(1)　利用目的を定める
　モデル仕様書は機能要件が中心になっています。しかし、保育 SaaS を

提供している ICT 企業は仕様書に定められている機能を実装して商業サービスとして展開しています。仮に自治体がモデル仕様書の内容だけで、保育 SaaS を提供する ICT 企業を募集すれば、ICT 企業は自治体向けにシステムの整備や規約の改変をしなくてもよいので、都合がよくなります。

　そこで、自治体が保育 SaaS の仕様でまず定めるべきは、自治体としてどのような保育を行うために SaaS を利用するか、目的を明らかにすることです。目的を達成するために、SaaS で必要な機能要件が明らかになります。機能要件を満たすことを目的化してはいけません。

⑵　個人情報収集範囲の設定

　モデル仕様書は、「機器の個体番号や GPS 位置情報等、利用者がサービスを利用する際に自動的に取得する情報がある場合は明示するとともに、それら情報取得について同意をとることができること（利用規約の確認に含む場合は不要）」としています。つまり、保育 SaaS で収集する個人情報の範囲は、利用規約に盛り込めば、個別に明示しなくてもよいとしています。上述したように、保育 SaaS は利用規約を読み飛ばせる仕組みになっているため、個人情報が自動取得される範囲が明らかにされないことになります。データの収集と利活用が目的を超えて行われないためにも、データ収集範囲を特定することが必要です。そのためには、利用目的と合わせてデータの収集範囲を、利用者に明示させることが必要です。

⑶　十分な情報提供と説明

　前述のように、モデル仕様書は、個人情報収集と利活用等に関する同意手続きはアプリによる同意手続きを許容しています。これにより、自治体は利用規約の説明と同意手続きを、ICT 企業に任せることになります。自治体は、SaaS の利用を住民に求めるのであれば、個人情報収集の説明と同意手続きについて、アプリによる方法で ICT 企業まかせにして良いはずがありません。ICT 企業は、自社のアプリを使ってもらうために、利用規約の同意手続きを、規約を読まず、理解しなくても同意できる仕組みにし

ています。特にスマートフォンのような小さい画面で長文の利用規約や個人情報保護方針を表示し、保護者と職員に理解してもらうことは困難です。この問題を解決するためには、説明の方法と同意手続きを改善する必要があります。

① 説明会を開催させる

ICT 企業には、自社の保育 SaaS について、利用主体となる保護者と保育者に十分な情報提供を行わせるべきです。情報を提供しなかったために、SaaS 利用者が知らない状態で情報収集が行われていることは不正常です。保育 SaaS の利便性の一つに、転記が不要になることや、子どもの属性から健康情報などをさかのぼってみることができることが説明されています。こうした便利さを実現できるのは、子どものデータを保護者と保育者が継続して入力し続けているからです。保育 SaaS がデータ入力と一体に成り立つサービスである事を説明する場を設けることが必要です。

自治体は ICT 企業に、説明会を開催するよう仕様書に定めることが必要です。

② ホームページ画面に分かりやすく、個人情報保護方針を明示させる

「2」の6ではニュージーランドのストーリーパークのホームページについて紹介しました。ストーリーパークのホームページには、個人情報保護方針をホームページの画面に大きく表示し、保護者向けと施設向けに分かりやすく表示しています。一方、A 社のホームページにはページの最下層に、最も小さい字で個人情報保護方針と利用規約へのリンクが表示されています。これでは、大半の人は気づくこともなく、読むこともないでしょう。

ホームページは、個人情報保護方針と利用規約を、保護者と保育者に読んでもらうことを想定して作成し、積極的に読んでもらい、理解を促すようにすることが必要です。

③ 保育 SaaS アプリの機能項目に追加させる

利用規約の明示は保育 SaaS アプリのインストール時だけではなく、アプリのメニュー内にも、個人情報保護方針と利用規約が読めるように配置

し、保護者と保育者が簡単に参照できるようすべきです。

　④　チェックボックス形式で重要項目の確認とチェックの仕組みをつくらせる

　アプリによる同意手続きは、利用規約に同意させるための仕組みになっています。アプリのインストールの際は、利用規約を明示的な同意を得るための仕組みにするべきです。利用規約の全体を一括して同意とするのではなく、重要項目については、読んで理解したうえでチェックボックスにチェックできるようにすることや、項目も複数設けて、読んでからチェックする機能にすることで、時間をかけてでも明示的な同意を得ることが重要ではないでしょうか。長期的に利用するシステムであるからこそ、明示的な同意を丁寧に行うシステムにするよう仕様書に定める必要があります。

　⑤　保育者へむけた学習機会の提供

　保育者には利用マニュアルを提供する一方、個人情報保護に関する説明会は開催されていません。保育者は施設用の保育 SaaS のアプリで、子どものデータ入力を日常的に多くの項目で入力します。そこで、ICT 企業には、個人情報をみだりに他人に知らせたり、不当な目的に利用されることがないよう、保育者へむけた学習機会を提供させすることが必要です。

⑷　目的外利用と商業利用の禁止

　モデル仕様書には目的外利用を禁止することが謳われていません。

　公立保育園に SaaS を導入してもらうことで得たデータを、ICT 企業が商業目的に使用することは、保育の目的とは異なります。公立保育園で保育者が保育 SaaS に入力した子どものデータを、ICT 企業が商業目的でプロファイリングを行うことは問題です。また特定の目的のもとで収集したデータを目的外のプロファイリングに使用することは保育業務の枠を超えたものです。

　一方、保育の質の向上へむけた研究のためにデータを取得し、保護者と保育者に利用目的を明示して同意が得られたうえで、プロファイリングを行うことはあり得ると思います。しかし、データの利用目的を明示せず、データ収集とプロファイリングが行われてはなりません。

　仕様書には、保育 SaaS の機能で得られたデータを、委託業務における利用目的を超えて使用してはならないこと、商業利用は禁止すること、収集する個人情報は必要最小限の情報のみとすることを明記すべきです。

(5)　データの返還

　保育 SaaS の利用中に保護者が入力したデータについて、モデル仕様書では「サービス開始後に利用者が入力した情報及び発注者が登録した情報のうち、発注者の情報管理権限を有する情報については、契約終了後にデータを抽出できること」と、発注者である自治体にデータを返還するとしています。そして、「サービスを終了若しくはサービス利用契約終了後は、保有データの提供・抽出ののち、速やかにシステムから消去すること。消去においては、復元不可能な状態にすること」としていることから、保護者には子どものデータは返還されない仕様になっています。

　しかし、引っ越し等で保育園が変わる場合があります。この場合、これまでの子どものデータを利用可能な形態で移送できる「データポータビリティ権」を確保する必要があります。保護者が入力したデータと合わせて、保育の中で子どもについて入力したデータについては、継続して利用できるようにする必要があるのではないでしょうか。保護者が自分の子どもの情報をコントロールするための権利の確保が必要です。

　また、「2」の 6 で紹介したストーリーパークは、子どもの記録を「ライフログ（成長記録）」として、卒園後も無料で見られるようにしており、サービスの解約後はデータをダウンロードして残すことができます。

　保育園の主役は子どもです。ストーリーパークの事例も参考にしながら、データポータビリティ権を保障する仕様を盛り込むことが必要です。

3 「マイ ME-BYO カルテ」による健康医療情報の収集と活用について

神田敏史

1 神奈川県における健康医療産業の育成策として「未病改善」の取組み

　東日本大震災直後の 2011 年 4 月に誕生し 2023 年 4 月に 4 期目を迎えた黒岩佑治神奈川県知事による県政は、「いのち耀くマグネットかながわ」（黒岩氏の造語）の実現にむけた「未病（ME-BYO）」（心身の状態を健康と病気の二分論の概念で捉えるのではなく「健康」と「病気」の間を連続的に変化するものとして捉え、この全ての変化の過程を表す概念）の改善をすすめることを、健康医療産業の創出育成として、産業政策の重点と位置付けています。

　2024 年 3 月策定の総合計画「新かながわグランドデザイン」（実施計画期間は 2024 年度から 2027 年度）でも「最先端医療と最新技術の追求」と「未病の改善」という 2 つのアプローチを融合させ持続可能な新しい社会システムを創造する「ヘルスケア・ニューフロンティア」事業として、未病（ME-BYO）コンセプトの普及による県民の行動変容の促進や新たな市場・産業の創出、再生・細胞医療の産業化拠点づくりの取組みを、市町村や企業、大学など多様な主体と連携しながら一層発展させ、新産業の創出・育成等を図るとしているところです。

　この「ヘルスケア・ニューフロンティア」事業では、「未病の改善」「最先端医療・最新技術の追求」「次世代社会に向けた基盤づくり」を柱としていますが、「マイ ME-BYO カルテ」の利用促進とデータ蓄積は、その事業全てにおいて、積極的に取組むものとして位置付けられています。

図表3-1 「未病改善」の取組み―神奈川グランドデザイン具体的な取組

Ａ　未病改善による健康寿命の延伸

●高齢者の未病改善を図るため、「住民主体の通いの場」等の活用により、高齢者自らがフレイルを早期に発見し、未病改善の取組を実践できる機会の提供によるフレイル対策や、オーラルフレイル健康推進員の育成や市町村の健康づくり事業と連携したオーラルフレイル対策、「健康団地」における社会参加モデルの構築、認知症の早期発見による認知症未病改善などに取り組みます。

●働く世代の未病改善を図るため、特定健康診査・特定保健指導の実施率向上による生活習慣病対策、「心のサポーター」の養成によるこころの未病改善に取り組むとともに、県内の企業等とも連携し、女性の特有の健康課題の自分ごと化や行動変容の促進による女性の未病改善などに取り組みます。

●子どもの未病改善を図るため、食や運動等の基本的な生活習慣の奨励や、医食農同源による食生活の改善、食育の推進などに取り組みます。

●未病のさらなる普及・促進を図るため、CHO（健康管理最高責任者）構想の推進や未病指標の普及、国の個人情報管理（PHR）の取組と協調したマイ ME-BYO カルテの活用、市町村と連携した保健医療データの活用の促進など、健康情報の活用による効果的な施策の推進に取り組みます。

<KPI>
地域の高齢者が気軽に集い、一緒に活動内容を企画し、「生きがいづくり」「仲間づくり」をする「住民主体の通いの場」への参加者数
（厚生労働省調べ）　（人）

現状 (2021)	2024	2025	2026	2027
90,472	101,500	102,900	104.300	105,700

健康経営に取り組む企業数（総数）
（県いのち・未来戦略本部室調べ）　（法人）

現状 (2022)	2024	2025	2026	2027
1,998	2,700	3,000	3,300	3.600

未病指標利用者数（累計）
（県いのち・未来戦略本部室調べ）　（人）

現状 (2022)	2024	2025	2026	2027
171,259	500,000	8000,000	900,000	1,000,000

（神奈川グランドデザイン実施計画 19 頁　https://www.pref.kanagawa.jp/documents/108631/02_jisshikei kakua4_01.pdf より）

　しかし、県が公表している「マイ ME-BYO カルテ」に実装されている「未病指標」（自分が「健康」と「病気」のグラデーションのどこにいるのか、生活習慣、認知機能、生活機能、メンタルヘルス・ストレスの４つの領域から未病の状態を数値等で「見える化」するもの）の利用者数は、2022 年度累計で 171,259 人（県人口 920 万人の 2%）に留まっており、2027 年度目標（100 万人）達成にむけた取組みの促進は、県政運営において重要な課題となっています。

2　「マイ ME-BYO カルテ」と利用率向上にむけた取組み

　「マイ ME-BYO カルテ」（運営管理委託先：株式会社ケアコム株式会社ヘルスケアリレイションズ（ナースコールシステム、ハンディナースコール、

図表 3-2　「マイ ME-BYO カルテ」のアプリ

普段の未病改善行動を
自己評価することが出来ます。
ご自分の「生活習慣」や「ライフステージ」に応じた目標を
立てていただき、その達成状況を 3 段階で自己評価すること
で、ご自分の未病改善行動を記録し、振り返りや新たな目標
へ役立てることが出来ます。

【総合評価】
記録した自己評価に応じて「総合評価」が表示されます。

【食生活】　　　　　　　　　　　　　　　　自己評価
ご自分の目標に照らして 3 段階で自己評価することが出来
ます。また、併せて食事の内容等も最大 4 枚記録可能です。

【社会参加】　　　　　　　　　　　　　　　自己評価
電話やメール等も含めて他者と交流し、社会との繋がりを
もつことについて、ご自分の目標に照らして 3 段階で自己
評価することが出来ます。

【運動】　　　　　　　　　　　　　　　　　自動評価
目標歩数の達成状況により自動評価されます。

（https://www.pref.kanagawa.jp/docs/fz7/cnt/f532715/p1130989.html より）

看護業務支援ソリューション、手指衛生に関するシステム、医療介護連携
システム、看護支援システムなど医療介護現場の情報管理システム会社））
は個人の健康情報やお薬手帳情報などを、スマートフォン等を通じて
集積・管理し、「未病指標」による「見える化」を図る SaaS アプリケ
ーションで、県が 2016 年 3 月から運用開始し（「未病指標」を実装化は
2019 年度）、集積された健康情報は県のサーバーに「健康医療情報プラ
ットフォーム」として蓄積され、大学や研究機関、医療機関における
分析研究の他、健康医療産業における活用が進められようとしていま
す。

　この「マイ ME-BYO カルテ」の利用促進に向けて、神奈川県は
LINE 株式会社との包括協定（神奈川県と LINE 株式会社との間で締結さ
れた「県政情報発信・広報」「相談事業」「電子化の推進」「災害対策」「未
病改善」「社会的課題の研究」の協力支援に関する協定）に基づき、「マ

図表 3-3 「マイ ME-BYO カルテ」と認定アプリの関係

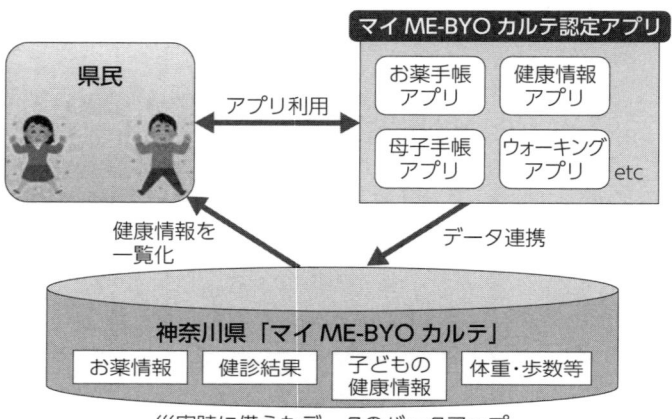

（https://www.pref.kanagawa.jp/docs/fz7/cnt/f532715/p991437.html より）

イ ME-BYO カルテ」と連携する LINE 公式アカウント「ME-BYO online」を 2018 年 11 月に開設しました。

　国内で 8000 万人を超えるアクティブユーザーを抱える LINE アプリ上で、「マイ ME-BYO カルテ」に準じて健康管理や災害時の安否確認などの便利な機能を簡単に利用できるようにしたところです。

　あわせて、「マイ ME-BYO カルテ」の「使いやすさ」を高めるため「健康医療データの自動取込み機能」の充実を図ることとし、マイナ保険証利用による「マイナポータル」における「診療情報」「投薬情報」「健診情報」との連携のほか、サルビアねっと（地域医療介護連携ネットワーク。横浜市鶴見区・神奈川区・港北区・西区の病院や診療所、調剤薬局などの施設が参加）、電子母子手帳アプリ「母子モ」(㈱エムティーアイ。県内 33 市町村中、横浜市、大和市、綾瀬市の 3 市を除き導入。面談指導も含め妊娠期から出産・乳児期・幼児期にわたり自治体の実施する母子保健・子育て関連事業全体に幅広く対応する DX 利用は川崎市のみ）、「母子健康手帳アプリ」（ひまわりの会。大和市）、「あやぴぃの子育てお役

立ち情報」（綾瀬市）、「らくらく予防接種」（大和市予防接種情報提供サービス）など、様々な健康医療情報が登録されているアプリケーションとの連携をすすめています。

　特に、自治体の行うこども子育て関連事業の SaaS アプリケーションについては、市町村との協力のもと「マイ ME-BYO カルテ」の普及が図れることとあわせ、生涯にわたる健康医療情報の蓄積につながることや健康医療情報をもとに事業展開を図る事業者が多いこと等も踏まえ、連携の促進が進められています。

3　「マイ ME-BYO カルテ」の利用登録と　　提供サービス、収集情報

　「マイ ME-BYO カルテ」の利用者は、利用するにあたりアプリケーション画面に表示される利用規約に関する次の画面で同意した上で[1]、利用を開始します。

> ME-BYO カルテをご利用するにあたっては、利用規約をご確認のうえ、同意してください。同意いただける場合は、「利用規約に同意してユーザー登録に進む」をクリックしてください。
> 　　□　利用規約に同意してユーザー登録に進む

　「マイ ME-BYO カルテ」利用契約第 4 条では、利用者の個人情報を登録・提供し、県は自らそのデータを運用管理しながら、LINE、スマートフォンアプリ等を用いて次のサービスを提供するとして、その目的のために個人情報の登録・提供を受けるとしています。

> ①健康情報等管理サービス：別紙に示す健康情報等を本システムに個人が登録・保管し、インターネットに接続されたスマートフォン等の端

1　利用規約（https://www.pref.kanagawa.jp/docs/fz7/mymebyo/riyoukiyaku.html）。

末上で参照することができるサービス
②未病等に関する情報提供サービス：未病や健康等に関する情報を個人
　利用者に掲示、配信するサービス
③災害時等における情報提供サービス：本システムに個人が登録したお
　薬情報・アレルギー情報等を、災害時や救急活動において、神奈川県
　が必要と認めた場合に、神奈川県が医療機関や市町村等に提供するサ
　ービス
④アプリケーション連携サービス：個人利用者が同意した場合に限り、
　サービス事業者が提供するアプリケーションと連携し、本システムに
　保管している個人の健康情報等をサービス事業者に提供する、または、
　サービス事業者が提供するアプリケーションから本システムが健康情
　報等の提供を受けるサービス

　この中で、「マイ ME-BYO カルテ」に個人が登録・補完する「別紙
で示す健康情報等」とは、利用規約で明示する「健康情報等プラット
フォームで扱う情報」であり、基本的に個人情報の保護に関する法律
で規定する「要配慮個人情報」にあたるものとなっています。

別紙で示す健康情報

○プロフィール
・氏名、生年月日、年齢、性別、ニックネーム、血液型、郵便番号、住所、顔写真
○災害などの緊急時のための情報、緊急連絡先（家族構成）に関する情報
○かかりつけ医・薬剤師に関する情報
○避難場所に関する情報
○家族・健康保険証等の写真
○要配慮情報
・障害の有無、障害の詳細、人工透析、喘息、在宅酸素療法、妊娠、義歯着用、眼鏡・
　コンタクトレンズ着用、日本語が不自由、要介護度、要支援度、ケアマネージャー
　に関する情報、その他特記事項
○アレルギーの情報
○薬の副作用
○これまでにかかった病気
○いざという時のための大切な情報

○あなたの身体の状態

・身長、体重、体脂肪率、BMI、血圧、血糖値、体温、心拍数、脈拍数、ME-BYO 日記

○お薬の記録、処方記録、注射記録

○予防接種の記録

○日々の活動量

・総消費カロリー、アクティブエネルギー（消費カロリー）、安静時消費エネルギー（基礎代謝）、消費カロリー単位、歩数測定時間、歩数、上った階数、ウォーキング・ランニング

○エクササイズ時間

○ヘルスケア

・体組成、体筋肉率、体水分率、骨量

○栄養

・ビオチン、カフェイン、カルシウム、炭水化物、塩化物、クロム、銅、摂取エネルギー、食物中のコレステロール、食物中の糖分、食物繊維、葉酸、ヨウ素、鉄分、マグネシウム、マンガン、モリブデン、一価不飽和脂肪酸、ナイアシン、パントテン酸、リン、多価不飽和脂肪酸、カリウム、たんぱく質、ビタミン B2、飽和脂肪酸、セレン、ナトリウム、チアミン、総脂肪、水分、ビタミン A、ビタミン B12、ビタミン B6、ビタミン C、ビタミン D、ビタミン E、ビタミン K、亜鉛

○睡眠

○検査結果

・呼吸数、酸素飽和度（SpO2）、倒れた回数、吸入器の使用状況、血中アルコール濃度、皮膚電位、微小循環指標、努力呼気肺活量

○心の状態（疲労・ストレス）

・疲労・ストレスの測定結果、LF（交感神経）、HF（副交感神経）、LF/HF、ccv（TP）機能年齢、総合判定

○健康診断の記録

・健康診断結果

○母子手帳の記録

・胎児・妊娠情報、胎児のなまえ、胎児識別 CD、性別、これまでの出産回数、帝王切開数、単体／多胎、妊娠週数、妊娠前体重、妊娠前身長、妊婦健診結果、妊婦歯科健診結果

○出生情報

○乳幼児健診結果

○学童健康手帳の記録

・定期健康診断の結果

○メタボリスク

○未病指標

4 「マイ ME-BYO カルテ」における個人情報の取扱について

　利用規約の第 22 条ではこの「要配慮個人情報」の取扱を規定していますが、その内容は、収集目的（第 4 条のサービス提供）の範囲内において取扱うとともに、その目的（サービス③、④）の範囲内において「個人利用者の意思」に基づき「サービス事業者」から情報提供を受け、或いは「サービス事業者」へ情報提供を行うことができるとするとともに、公衆衛生や学術的研究のための活用においては匿名化処理を行うとしています。

第 6 章　個人情報保護（個人情報の取扱）

第 22 条　神奈川県は、本サービスの提供にあたり、個人利用者から提供された個人情報を、個人情報保護法に基づき、適正に取り扱い、個人情報の漏えい、き損及び滅失の防止その他の個人情報の適切な管理のために必要な措置を講じるものとする。

2　神奈川県は、個人情報を以下の目的の範囲内で取り扱う。

(1)　第 4 条に定める本サービスを提供すること。

(2)　本サービスの利用状況を分析すること。

(3)　個人利用者からサービスについての問い合わせ、または個人利用者本人への電話による対応等のため

3　神奈川県は、本サービスの目的の範囲内において、個人利用者の意思に基づき、サービス事業者から個人情報の収集を受け、またはサービス事業者に対して個人情報の提供を行うことがある。この場合、神奈川県及びサービス事業者は、個人利用者の同意をあらかじめ得たうえで、収集・提供を行うものとする。

4　個人利用者は、個人情報保護法に基づき、神奈川県が収集した個人情報の開示を請求できるものとする。

5　神奈川県は、公衆衛生や学術的研究のために、個人利用者情報の属性の集計、分析を行い、個人を識別・特定できないよう加工し、匿名化した情報を利用し、公表することができる。

　この利用規約とは別に、県は「神奈川県マイ ME-BYO カルテ個人情報保護方針」（別添）を 2023 年 4 月に、同 6 月には「神奈川県マイ ME-BYO カルテセキュリティポリシー」（システムの安全かつ適正な管理を図ることを目的に「神奈川県健康情報等プラットフォーム」及び「神奈川県マイ ME-BYO カルテ」の運営・管理を行うシステムの運用と管理の安全にかかわる基本事項を規定したもの）を策定しています。

　LINE 公式アカウント「ME-BYO online」における提供・登録情報も、LINE を運営するヤフー LINE には蓄積されず、神奈川県のサーバーに蓄積される仕組みになっています。

　なお、連携し「利用者の意思」に基づき個人情報のやりとりをすることが可能な「認定アプリケーション」については、「マイ ME-BYO カルテ」連携アプリケーション認定制度を設け、実施要綱で認定要件を設けており、連携アプリケーションとして認定されるためには、その全ての要件を満たす必要があるとしています。

　この認定要件には「事業者要件」「コンテンツ要件」「アプリケーション要件」「セキュリティ要件」「標準連携使用要件」が設けられており、具体的には、情報セキュリティマネジメントにおいて、プライバシーマーク付与認定、あるいは JIS Q27001（日本工業標準規格）及び ISO/IEC 27001（国際標準規格）の認定を受けている事業者であり、情報セキュリティ方針（個人情報保護方針、情報セキュリティポリシー等）を定め公表していることを条件とするとともに、コンテンツについては、次のいずれかに該当する内容を含まないことを条件としています。

　　・法令等に違反するもの又はそのおそれのある内容
　　・公の秩序又は善良の風俗を害するもの又はそのおそれのある内容

　2　神奈川県「マイ ME-BYO カルテ」セキュリティーポリシー（https://www.pref.kanagawa.jp/documents/9779/securityp.pdf）。
　3　「マイ ME-BYO カルテ」連携アプリケーション認定要件（https://www.pref.kanagawa.jp/documents/9767/requirements.pdf）。

・人権侵害となるもの又はそのおそれのある内容
・侮辱的、虐待的、威嚇的、わいせつ的、中傷的、名誉毀損的で、人種的、性的差別的、暴力的その他好ましくない内容
・一般人が不快感を覚える内容その他青少年も含めた不特定多数のユーザによる閲覧に適さない内容
・特定の政治的または宗教的な主張内容
・閲覧者に誤解を与える恐れのある内容
・その他神奈川県が不適当と認める内容

5　神奈川県の提供する「マイ ME-BYO カルテ」アプリケーションの課題について

⑴　「マイ ME-BYO カルテ」アプリケーションが直接利用者に提供するサービス

　利用規約や「マイ ME-BYO カルテ」の運用目的からすると、利用者が自己の健康情報等をスマートフォン等の端末上で参照し自己の健康状態を認識し、その情報を踏まえ配信される「未病指標」に基づく未病や健康等に関する情報等を通じ、行動変容を生み健康増進が図られるというのが第一の提供サービスといえます。

　そして第二には大規模災害発生時の関係機関への情報提供、第三には「利用者の意思」に基づく連携するアプリケーションへの情報により、連携アプリケーションのサービスを受けることが可能となることが上げられています。

　利用規約に同意し利用登録が行われ、個人情報を登録・提供することで規約第４条に基づく、これらのサービスが提供されることになりますが、同じく規約第10条では「個人利用者は、個人利用者による本サービスの利用と本サービスを利用して為された一切の行為とその結果について一切の責任を負う」との「自己責任」の原則が記載され、

提供されるサービスには、「マイ ME-BYO カルテ」の運営主体である神奈川県は責任を負わないことが、このアプリケーションの特徴となっています。

　「未病指標」に基づく未病や健康等の情報は、医学的に必ずしも確認されてものではなく、また医療現場や保健所等に働く医師や保健師等の知識や経験に基づく議論等の積み上げではなく、データ分析等によって考えられた研究成果による推測である点もあり、「責任を負えない」ということは充分に考えられるところですが、行政が管理運営するアプリケーションによるサービスについて、その全てを利用者の「自己責任」を求めることはどうなのか疑問の残るところです。

(2)　連携アプリケーションによるサービス

　提供するサービスには、「マイ ME-BYO カルテ」がその情報を提供する「連携するアプリケーション」によるサービスも含まれることになります。

　この連携するアプリケーションについては、「マイ ME-BYO カルテ」連携アプリケーション認定制度により一定の水準は担保されますが、その内容については、県として積極的に関与しているとはいえず、県が直接的に提供するサービス以上に危険な側面をもっているといえます。

(3)　個人情報の取扱いについて

　「マイ ME-BYO カルテ」の「神奈川県健康情報等プラットフォーム」に利用者から登録提供され、蓄積される要配慮個人情報を含む「個人情報」は、「神奈川県マイ ME-BYO カルテセキュリティーポリシー」と「神奈川県マイ ME-BYO カルテ個人情報保護方針」に基づき管理運用されており、公式 LINE アカウントの「ME-BYO online」

の登録情報も外部には蓄積されず県で蓄積される仕組みになっています。

　利用規約第22条の5では、公衆衛生や学術的研究のための情報提供も、個人利用者情報の属性の集計、分析を行うもので、個人を識別・特定できないよう加工し、匿名化した情報を利用するとしていることも含め、「個人情報」として外部組織への提供は行われず保護されるとみることができます。

　しかし、利用規約第22条の3では「県は、本サービスの目的の範囲内において、個人利用者の意思に基づき、サービス事業者から個人情報の収集を受け、またはサービス事業者に対して個人情報の提供を行うことがある。この場合、神奈川県及びサービス事業者は、個人利用者の同意をあらかじめ得たうえで、収集・提供を行うものとする」とあり、「個人利用者の意思」に基づき、蓄積された「個人情報」が連携する外部アプリケーションに提供されることになり、今後、連携先が生命保険会社をはじめ民間事業者に拡大する中で、そうした、連携による「個人情報」提供の拡大が進んでいく可能性があります。

　提供サービスでも触れたように、個人情報を連携する外部のアプリケーションのサービス提供内容については、放置するのではなく、行政である県が収集した「マイME-BYOカルテ」の個人情報が提供されていることを踏まえ、たえず監視していくことが求められていると思われます。

　また、「マイME-BYOカルテ」が、今後、健康医療産業の創造、育成に活用されていくなかで、「神奈川県健康情報等プラットフォーム」にある情報の利活用が進んでいく可能性もあります。その際にも、「匿名化処理」も含め、個人が識別されない方法での処理が行われているかを見ていく必要がります。

⑷　蓄積された「個人情報」の管理について

　「神奈川県健康情報等プラットフォーム」には、今後、連携されたアプリケーションの「個人情報」も蓄積され、「ビッグデータ」として活用されることになりますが、保存年限や保存方法、廃棄方法等は利用規約上では必ずしも明確にはなっていません。

　この間、県では、市町村から国民健康保険の被保険者の診療報酬情報と特定健診・特定保健指導情報、介護保険情報等の提供を受け、民間事業者に委託し、データヘルス計画の策定等の参考とするための資料づくりや、糖尿病腎症重症化予防対策モデル事業の事業計画の策定等を進めてきています。

　その際、委託契約等において「情報提供方法」「匿名化処理」「情報の管理」「情報処理期間」「情報返却」「廃棄処分」「分析結果情報帰属」等の情報の取扱いは明記しており、委託事業はその全ての工程が完了した際に終結するとされています。

　「神奈川県健康情報等プラットフォーム」で蓄積された「個人情報」も、そうした処分も含めた管理方法を明確化する必要があると思われます。

　2024 年 5 月以降、自治体のもつ個人情報が流失する㈱イセトーへの業務委託問題が発生しています。8 月 28 日にも愛媛県が約 53,000 人の個人情報流出を発表しました。原因は「外部から攻撃に弱い脆弱なシステム」と「本来保管保存されてはいけないサーバーに個人情報が保存されていた」の 2 重のシステム上の欠陥があり、そのことを自治体が管理できなかったことにあります。

　㈱イセトーがランサムウエア―攻撃でシステムが遮断されたことを受けて 5 月下旬に出した関係機関に対する通知文には「弊社のシステムは、今回感染が判明した①基幹系 NW と取引先各社から個人情報を連携いただきデータ処理を行う②業務系 NW に分かれています。①基

図表3-4　自治体と受託企業とのネットワーク

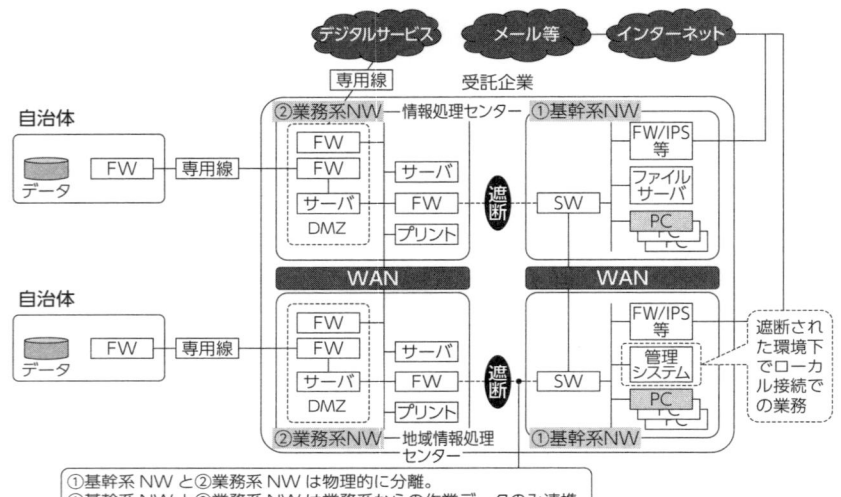

幹系 NW と②業務系 NW は物理的に切り離されており①基幹系 NW に個人情報が存在することはありません。現在、調査段階ではありますが、情報漏洩の事実は確認されておりません」との記載があります。

　そもそもランサムウエア―攻撃はシステム遮断による金銭提供が目的であり、それ自体が個人情報流出に直接結びつくものではありませんが、そうした攻撃が行われることは「システムの漸弱性」を内外に露呈し個人情報を取得するハッカー等の攻撃を受けやすくしたことに問題があります。あわせて、攻撃を受けた①基幹 NW に、本来存在してはいけないテスト運用時等に使われた過去の個人情報が保存されていたことが問題を大きくしたといえます。

　SaaS に提供された個人情報がいつまで保管され、利用目的を達成した後、確実な物理的方法で消去されているのか。多くの SaaS はそうした内容が明示されず、個人情報が将来にわたり保有され、「個人のプ

ロファイリング」に活用される危険性をもっています。

　匿名処理がされていない「要配慮個人情報」である健康医療情報の保存期間は３年ないし５年とされ、それ以上の保存はせず確実な手段で消去するとされています。

　イセトーの案件を契機に、全国の自治体で個人情報の管理のあり方を見直していくことが求められています。

⑸　利用者の個人情報登録提供は「個人利用者の意思」で行われているか

　「マイ ME-BYO カルテ」の利用者登録やマイナポータル情報との連携など、「個人情報」の第三者提供は、全て「個人利用者の意思」で行われることとなっていますが、その実態は画面にある項目をチェックすれば終わるものであり、利用規約の内容や危険性（サービス提供者が情報に責任を持たず利用者の「自己責任」となっている点など）を認識せずに「個人利用者の意思」が実行される危険性があります。

　自治体あるいは自治体の外郭団体が運営するアプリケーションでサービス提供を目的に収集した個人情報は、「利用者個人の意思」まかせにせず、自治体が収集・管理保有する個人情報と同等のレベルで保護されるとともに、収集目的であるサービスについても自治体として責任をもつことが求められています。

6　SaaS としての「マイ ME-BYO カルテ」アプリケーションの　特徴について

　出産、保育、教育、医療、介護など、子ども子育てや高齢者生活支援を中心に住民生活に身近な市区町村の行政サービスを「支援」「補完」する SaaS サービスの多くが、民間事業者が主体となって進められているなかで、神奈川県が健康増進、保健事業サービスとして提供する「マイ ME-BYO カルテ」アプリケーションは、運営管理の一部

を医療介護関連企業に委ねているとはいえ、基本的にシステムの設計は県が行い、個人情報の保有も県が保有するサーバー等によって行われ、県として個人情報の取扱いを個人情報保護法に沿って行い、情報管理責任も県が負っており、いくつかの課題があるものの自治体が責任を負う SaaS となっています。

　しかし、こうしたシステム設計管理を可能とするためには、個人情報保護と情報システムに精通した専門的な知識を有するスタッフを自治体職員として雇用する必要があり、また、自治体としてそうした人材を育成していくプログラムをもつ必要があります。

　自治体 DX を促進するにあたり、総務省もそうした人材の確保育成を図る必要性に触れています。都道府県や政令市では、財政規模、システムが対象とする住民やサービス内容等のスケールメリット、費用対効果の点から専門人材の育成が可能ですが、市区町村レベルでは困難であり、全国規模で情報収集し専門職を雇用し事業展開する民間企業に委ねざるを得ない情況が生まれています。

　そして、都道府県や政令市でもシステム監修は行っても、設計や運営は企業に委託し、本来競争入札で決めるべき企業選定も、政府の示す標準システムに沿った内容に開発ができるあるいは既に一部事業を行っている企業に随意契約をせざるを得ない状況が生まれています。

　SaaS による行政サービスの提供は、「情報弱者」にサービスが提供されないという解決すべき大きな課題はあるものの、住民の利便性や事務処理の効率性等を考えた場合、避けて通ることができないものです。

　自治体が公的責任をもって全ての住民に対し質の高い行政サービスを提供し、住民の個人情報を守るために、自治体において必要な人材の確保・育成をすすめていくことが求められています。

神奈川県マイ ME-BYO カルテ個人情報保護方針

　神奈川県の「神奈川県マイ ME-BYO カルテ」の運営にあたり、個人情報の適切な取扱い、および安全管理に取り組むため、次の方針を制定し、これを遵守し個人情報の保護に万全を尽くします。

第1条　用語の定義

（1）「マイ ME-BYO カルテ」（以下、「本サービス」という）とは、神奈川県が構築・運営する「神奈川県健康情報等プラットフォーム」に個人利用者が登録・提供した健康情報等を利活用するサービスをいう。

（2）「サービス事業者」とは、神奈川県の委託もしくは認定を受けた者で、本システムの機能の利用申請をし、神奈川県がその申請を承諾した者をいう。

（3）「健康・医療サービス」とは、サービス事業者が提供する、健康・医療関連情報を利活用したサービスをいう。

（4）「個人情報」とは、個人情報保護法第2条の個人情報をいう。

第2条　利用目的　本サービスは、取得した個人情報を以下の目的で利用します。

（1）　個人利用者本人または個人利用者から依頼を受けたサービス事業者から提供を受けた個人情報を、県が管理、加工、分析し、利用者の健康状態などに基づく適切なサービスを提供することで、利用者に自身の健康状態の維持・改善に主体的に取り組んでいただくため

（2）　災害発生時や救急医療などの非常時において、蓄積された個人情報を行政や医療機関が活用し、利用者に適切な情報提供及び医療を提供するため

（3）　利用者が提供した個人情報を匿名化し、個人が特定できない情報に加工したうえで、県が行政の施策や学術研究等に活用するため

（4）　本サービスに関する連絡、情報提供、意見収集（アンケート）、問い合わせへの対応・回答、利用時の本人確認、訴訟・紛争に係る対応のため

第3条　個人情報の取得　本サービスでは、個人利用者の個人情報を収集する場合、第2条「利用目的」にかかわる範囲に限定して行います。

2　前項に示す以外の目的で個人情報を収集することはありません。

第4条　個人情報提供の任意性・同意

　　本サービスで取り扱う個人情報は、個人利用者の自発的な意思に基づき、個人利用者本人または個人利用者から依頼を受けたサービス事業者から提供いただきます。

2　個人利用者より個人情報を提供いただくにあたり、必ず利用目的を明示し、個人利用者本人の同意をいただきます。

第5条　利用範囲　本サービスでは、個人利用者の個人情報は、次の各項の場

合を除き、利用目的の範囲を超えて使用することはありません。

(1) 個人利用者本人の同意を得た場合

(2) 法令に基づく場合

2　県は、第2条「利用目的」を変更した場合は、変更された利用目的は、個人利用者本人へ通知し、又はその内容を公表しなければなりません。

第6条　個人情報の第三者提供

　県は、個人利用者が提供した個人情報を、第2条「利用目的」及び法令に基づく場合を除き、個人利用者本人の同意なく、当該情報を第三者に提供することはありません。

2　個人情報を第三者に提供する場合であっても個人情報を保護するように努めます。

第7条　適切な管理

　個人利用者の個人情報において、漏えい、紛失、破壊、改ざん又は個人利用者の個人情報への不正なアクセスを防止するため、個人情報の取扱いは適時、適切に見直しを行い、個人情報の安全で正確な管理に努めます。

第8条　委託先の管理

　本サービスの運用にあたり、個人情報の取扱業務の全部または一部を利用目的の範囲内で第三者に委託する場合があります。

2　この場合、個人情報の適正な管理が期待できる委託先を選定したうえで、適正な取扱いを確保するための措置を契約上義務付けます。

3　委託先において、神奈川県が果たすべき安全管理措置と同等の措置が講じられるよう、必要かつ適切な監督を行います。

第9条　相談等への対応

　個人情報の取扱いに関する個人利用者からの問い合わせ、相談、苦情等を受けた場合、適切かつ迅速な対応に努めます。また、個人利用者から自己情報の開示・訂正・利用停止の請求を受けた場合、個人情報保護法に基づき適切に対応します。

第10条　法令、ガイドライン等の遵守　個人情報に関する法令及びその他の規範を遵守します。

第11条　個人情報取扱事業者への周知・教育

　本方針は、本サービスを運営する神奈川県並びにその委託先において本サービスの提供に携わる全従業者、及びサービス事業者に配付して周知します。また、従業者各自の教育、啓発に努め、個人情報保護意識の高揚を図ります。

(https://www.pref.kanagawa.jp/docs/fz7/mymebyo/personalinformation.html)

4　個人情報保護と同意のあり方
―自治体が SaaS を利用する場合の視点―

眞田章午

1　個人情報保護と同意に関する問題
―学習用端末情報と母子手帳アプリの取扱いを例に

　自治体の情報システムの標準化の動きと相まって、自治体による SaaS 利用が様々な行政分野で積極的に進められています。もっとも、SaaS 利用に関しては、近年、住民の個人情報の取扱い、とりわけ、個人情報保護の観点から同意のあり方について検討すべきできごとが発生しました。

　まず、第二次安倍晋三政権より政府主導で進められている GIGA スクール構想の一環で小中学生に 1 人 1 台配られている学習用端末（以下「端末」）で収集された個人情報の取扱いに関する問題です。[1]

　2024 年 3 月、一部の自治体が端末で収集された小中学生の個人情報（子どもの氏名や学習履歴、テスト結果など）の取得・管理を民間事業者に直接委託し、また、当該民間事業者が海外の事業者へ再委託し、さらに、一般向けの学習用アプリの機能改善のために用いられていることが明らかとなりました。

　小中学生の保護者には、端末情報の利用目的は何か、端末で取得された個人情報がどのように管理・活用されているのか、どのような民間事業者に委託されているのか等十分な説明が行われていませんでした。また、実情として、保護者は、自治体が提供したものだからという信頼や安心感とも相まって端末情報の取得・利用・提供に関するプライ

1　本問題は、読売新聞の朝刊特集「データは誰の手に」で紹介されています。読売新聞（東京版）朝刊 2024 年 3 月 13 日、同 14 日、同 30 日、同 5 月 15 日、同 7 月 14 日、同 17 日、同 20 日、同 25 日、同 26 日、同 30 日を参照。

バシーポリシーを深く読むことなく（場合によっては読み飛ばして）同意していたようです。

　しかし、仮に保護者が、自治体の対応に不信感を抱いて端末の使用をやめさせようと思っても、小中学生は義務教育課程にあり端末を通して学習をする以上、プライバシーポリシー（小中学生の個人情報の取得・提供等に関する同意事項）に同意しない選択をすることは困難です。

　次に、母子手帳アプリ A 社の利用規約における「（別紙）個人情報の取り扱いについて」（以下「本文書」）の内容に関する問題です。

　本文書の「(1)利用目的」の「⑤」では、「胎児またはお子様の情報、妊娠中の経過として取得し、子育ての支援を行うため［に─引用者］お預かりする情報：【胎児またはお子様の情報】ニックネーム、生年月日、性別、血液型、胎児の推定体重、出産の状態、乳幼児の身長／体重、乳幼児健診結果（健診項目、写真）、予防接種履歴、副反応履歴、かかりつけ医、通院／投薬歴、保育所（園）・幼稚園／小学校、成長記録（テキスト、写真）【妊娠中の経過】出産予定日（妊娠中の場合）、妊娠前の身長／体重、妊娠中の体重、妊婦健診結果（健診項目、写真）、歯科検診結果」と、また、その「⑦」では、「サービス利用動向の統計分析をし、マーケティングに利用するため［に─引用者］お預かりする情報：お預かりする情報全般について、個人を特定できない統計データとして利用」と定めています。

　つまり、「⑤」は、子育て支援を目的に非常にセンシティブな個人情報も含めて収集することを、「⑦」は個人を特定できない形であるにせよ、「情報全般」という極めて包括的収集であることを示しています。

　続けて、本文書の「(2)個人情報の第三者提供に関する旨」では、「お客様からお預かりする個人情報及びその他の情報については、自治体のサービス提供・評価・改善、マーケティング分析、イベント運営のために、お住まいの自治体、およびイベント開催者に提供することが

あります」と明示しています。その上で、その「②」では「提供する
個人情報の項目：ニックネーム、生年月日、性別、居住地域、メール
アドレス、出産予定日（妊娠中の場合）、お子様の性別および生年月日
（お子様がいらっしゃる場合）、アンケートにご回答いただいた項目」、そ
の「④」では「提供を受ける者：お住まいの自治体、イベント開催者」
と定めています。

　ここでも、第三者に提供される個人情報の中にセンシティブなもの
が含まれていることや、提供先にあたる第三者の位置づけが曖昧であ
ることが分かります。そして、母親はこれらの利用規約を理解した上
での利用の同意を求められることになっています。しかし、母親は、利
用規約に同意をしなければ利用することはできないので、アプリのリ
スクの認識の有無にかかわらず同意を求められることになります。

　ここまで、小中学生の学習用端末情報と母子手帳アプリの個人情報
保護に関する問題をみてきました。個人情報保護との関係では、いず
れの実例もどのように本人（利用者、住民）の同意を実質化させるのか
が問題としてあることが分かるかと思います。そこで、まず、個人情
報保護法上における同意の意味についてみていきます。

2　個人情報保護法と同意

⑴　同意とは

　まず、法律用語における同意の意味を確認します。法律用語として
の同意とは、「他者の行為について賛成の意思を表示すること[2]」、「他
人の行為に許諾ないし肯認の意思表示をすること[3]」だと説かれていま
す。同意は、様々な法分野に点在しています。例えば、民法上の同意

2　衆議院法制局法政執行研究会「第22回　『同意』『承認』『合意』」法学教室364号（2011
　年）50頁～52頁、50頁を参照。
3　渡邊涼介『データ利活用と個人情報保護　最新の実務問題に対する解決事例108　第2版』
　（青林書院、2023年）70頁を参照。

として、未成年者が法定代理人の同意を得ることなく契約を交わした場合には、当該契約は取消しの対象となります（民法5条を参照）。同意は、民法上の意思表示なので、錯誤あるいは詐欺や強迫など真意に基かない場合には、取り消すことが可能です（民法95条1項、96条1項を参照）。また、公序良俗に反する事項に関する同意は無効です（民法90条を参照）。

　ところで、個人情報の取扱いと同意については、個人情報の保護に関する法律（以下「個人情報保護法」ないし「法」）がカバーしています。個人情報保護委員会が公表している「個人情報の保護に関する法律についてのガイドライン（通則編）　平成28年11月（令和5年12月一部改正）」によると、個人情報取扱事業者（個人情報データベース等を事業の用に供している者〔国、地方公共団体、独立行政法人、地方独立行政法人を除く〕）における個人情報の取得・利用等については、次のような場合に本人の同意が必要だとされています。

　①個人情報取扱事業者が、取得した個人情報を目的外に利用する場合（法18条1項、同2項）。

　②個人情報取扱事業者が、要配慮個人情報を取得する場合（法20条2項）。

　③個人データを第三者へ提供する場合（法27条1項）。

　④個人データを外国にある第三者へ提供する場合（法28条）。

　ここでいうところの本人の同意とは、「本人の個人情報が、個人情報取扱事業者によって示された取扱方法で取り扱われることを承諾する旨の当該本人の意思表示」のこと、また、本人の同意を得るとは、「本人の承諾する旨の意思表示を当該個人情報取扱事業者が認識すること」だとされています。[4]

4　なお、これらの条項のうちクラウドサービスを利用して情報を保存する場合は、本人の同意が必要な第三者提供（法27条1項）や委託（法27条5項1号）に該当するか否かが問題となることがあります。この点については、クラウドサービスの提供事業者が個人データを取り扱

　もっとも、個人情報保護法では、同意の法的性質がどういったものなのか、同意に係る具体的要件は何かといったことは明示されていないため、明示的同意であれ黙示的同意であれ「個別の事案ごとに、具体的に判断されることとな」ります（個人情報委員会「個人情報の保護に関する法律についてのガイドライン」に関する Q&A 1-61 を参照）。また、個人情報を第三者に提供する際に本人の同意は必ずしもその都度必要なものではなく、「個人情報の取得時に、その時点で予測される個人データの第三者提供について、包括的に同意を得ておくことも可能」だとされています（同 Q&A 7-8 を参照）。

　つまり、個人情報保護法では、本人による同意の要する範囲の広狭にかかわらず、結局のところ、多くの場面で同意をすることが事実上強られていることになります。その結果、重ね重ねの同意が繰り返し行われることによる「同意疲れ」が原因となって本人の理解が及ばないまま同意に至る、いわゆる「同意の形骸化」をもたらしています。[5]

(2)　同意を要しない事項

　個人情報保護法は、本人の同意の要否について個人情報取扱事業者と行政機関等（国、地方公共団体の機関〔議会を除く〕、独立行政法人、地方独立行政法人）とでは異なった取扱いをしています。

　個人情報取扱事業者については、事前に本人の同意を得ることなく、「特定された利用目的の達成に必要な範囲を超えて、個人情報を取り扱ってはならない」として利用目的以外の目的のために利用すること、

　わないこととなっている場合には、あくまでも個人情報取扱事業者の事業内部の管理とみなされて第三者提供や委託にも該当しないとされています。しかし、SaaS においては、クラウドサービス提供事業者によって個人データが取り扱われることを念頭においているため、特段の事情がない限り第三者提供や委託に該当すると説かれています。同上 108 頁～109 頁を参照。
5　同意の法的位置づけや課題を検討したものとして、小川亮「情報提供に対する同意はなぜ必要なのか」情報法制研究 11 号（2022 年）51 頁～67 頁、石井夏生利「『同意』の横断的考察」NBL1167 号（2020 年）27 頁～39 頁、加藤伸樹「本人の同意の理論的検討」NBL1181 号（2020 年）45 頁～51 頁を参照。

さらに「あらかじめ本人の同意を得ないで、個人データ〈個人情報データベース等を構成する個人情報—引用者〉を第三者に提供してはならない」として第三者に提供することを原則として禁止しています（法18条1項、27条1項）。

　しかし、当該個人情報の利用目的以外の目的のための利用または第三者への提供であっても、次のような場合に該当すれば、例外的に本人の同意は必要ないとしています。[6]

①法令（条例を含む一方で内部的な訓令・通達を含まない）が本人の同意を必要としていない場合（法18条3項1号、27条1項1号）。

②人（本人、第三者も含む）の生命、身体または財産の保護のために必要であり、かつ、本人の同意を得ることが難しい場合（法18条3項2号、27条1項2号）。

③公衆衛生の向上または児童の健全な育成を推進する必要があり、かつ、本人の同意を得ること難しい場合（法18条3項3号、27条1項3号）。

④国または地方公共団体（委託先も含む）が法令で定める事務を遂行する際に協力が必要な場合で、かつ、本人の同意を得ることで当該事務の遂行に支障を及ぼす場合（法18条3項4号、27条1項4号）。

⑤個人情報取扱事業者が学術研究機関等であり、かつ、当該個人データを学術研究の目的で取扱う場合（法18条3項5号、27条1項6号）。

⑥学術研究機関等に個人データを提供する場合で、かつ、当該学術研究機関等が当該個人データを学術研究目的で取り扱う必要がある場合（法18条3項6号、27条1項7号）。

6　法18条、27条の解説として、高橋滋・斎藤誠・上村進編『条解　行政情報関連三法　第2版』（弘文堂、2023年）660頁〜661頁（個人情報保護委員会事務局　解説）、同673頁〜677頁（同）を参照。

※第三者提供については、上記のほかに、個人情報取扱事業者が学術研究機関等である場合であって、当該個人データの提供が学術研究の成果の公表または教授のためやむを得ないときも例外として許容されます（法 27 条1 項 5 号）。

　これに対して行政機関等については、当該行政機関等が保有する個人情報の利用目的以外の目的のために利用することおよび（第三者へ）提供することを原則として禁止していますが（法 69 条 1 項）、次のような場合に該当すれば、当該個人情報の利用目的以外の目的のための利用及び提供を認めています（法 69 条 2 項各号[7]）。

❶本人の同意がある場合（本人に提供する場合も含む）（同項 1 号）。

❷行政機関等がその内部で当該機関等が保有する個人情報を法令上の所掌事務又は業務の遂行に必要な限度で利用し、利用することに相当な理由がある場合（同項 2 号）。

❸その個人情報の提供を受ける他の行政機関等が、その機関等の法令上の所掌事務又は業務の遂行に必要な限度で利用し、利用することに相当な理由がある場合（同項 3 号）。

❹統計の作成又は学術研究の目的で当該個人データを提供する場合（同項 4 号）。

❺当該個人データを本人以外に提供することが本人の利益になることが明らかな場合（同号）。

❻当該個人データを本人以外に提供することに特別な理由がある場合（同号）。

　両者を比較すると、個人情報取扱事業者における目的外利用等については①本人の同意が原則として必要とされているのに対し、行政機関等における目的外利用等については❶本人の同意は、例外の一つにすぎません。もちろん、個人情報取扱事業者においても本人の同意が

7　法 69 条の解説として、同上 809 頁～814 頁（水野靖久　解説）を参照。

なくても①〜⑥に該当すれば目的外利用等が認められますし、一見すると、本人の同意を要しないとする例示が行政機関等におけるそれよりも多く、制限が緩やかのように思えます。

　しかし、まず、個人情報取扱事業者における⑤と⑥については、個人の人格に直接に関係する事項であるためにこれらを本人の同意なく提供することを認めた立法政策には異論があると思いますが、行政機関等における❹もまた同趣旨であることから、個人情報取扱事業者における制限の方が緩やかだとはいえないでしょう。

　次に、個人情報取扱事業者に適用される①〜④は本人の同意との緊張関係のもとで例外が定められています。これに対して、行政機関等に適用される❷および❸ならびに❺はかなり緩やかな定めとなっていて、民間取扱事業者に適用される④ならびに②および③のような制約もありません。

　制約という点では、たしかに行政機関等以外のものへの提供については、❻に「特別な理由がある場合」といった制約がありますが、2021年改正の個人情報保護法が施行される前に各自治体で運用されていた個人情報保護条例のうち多くの条例にあった、外部提供を許容する場合に充足を要する「公益性」の要件がこれにはありません。個人情報保護委員会が公表している「個人情報の保護に関する法律についてのガイドライン（行政機関等編）　令和 4 年 1 月（令和 5 年 12 月一部改正）」では、「①行政機関等に提供する場合と同程度の公益性があること、②提供を受ける側が自ら当該保有個人情報に相当する個人情報を取得することが著しく困難であること、③提供を受ける側の事務が緊急を要すること、④当該保有個人情報の提供を受けなければ提供を受ける側の事務の目的を達成することが困難であること等の、特別の理由が必要とされる。」（同 31 頁）とあり、公益性があることを要件の一つとして挙げていますが、①の要件を充足することが必須となっているのか

判然としません。

　ともあれ、SaaS の利用に即していえば、たとえば本書「2」でも取り上げている保育業務支援システムを自治体が公立保育所に導入しようとする場合、そのシステムを稼働するためには保育業務支援システムの運用事業者は通園児童に関する個人情報を必要とするので、自治体はこれらの情報を運用事業者に提供しなければなりませんが、これが行政機関等に適用される❺または❻に該当するとすれば、当該児童またはその保護者の同意を要しません。これに対して私立保育所が同じシステムを導入し、運用事業者に通園児童に関する個人情報を提供する場合には、個人情報取扱事業者に適用される①〜⑥に該当する事情は見当たりそうにないので、当該児童またはその保護者の同意を必要とします。

　保育業務支援システムの運用事業者が直接に通園児童やその保護者から直接に個人情報の提供を受ける場合には、保育所の運営主体の違いとは関係なく、別途同意を必要とすることになりますが、運営主体から運用事業者への個人情報の提供に関し、運営主体の違いによって本人の同意の要否が異なることになります。

　この相違を自治体は十分に認識し、準公共サービスに SaaS を導入する場合には、行政機関等に適用される❺および❻を限定的に解釈し、利用者の同意を得るように努めたり、あるいは、❺または❻に基づいて提供するときでも、同意の「代替」となるよう、利用者に対しあらかじめ十分な説明をし理解をしてもらう機会を設けたりすべきでしょう。

3　同意の実質化の方法

　同意の実質化を実現するための方法について、(1)同意の成立要件の明確化、(2)自己情報コントロール権による同意の規律の観点から検討します。

(1) 同意の成立要件の明確化

　情報法の研究者や実務家の間では、法律で同意の要件を定めようとする動きがあります。例えば、①「情報」に基づいた同意である、②「任意性」を前提とした同意である、③同意に係る「意思表示」があるといった要件を定立することです[8]。もっとも、要件を定立する上では当然のことながら、①については、情報の「提供方法」や「内容」をどうするのか、②については、情報を有する者がやむなく情報提供に同意せざるを得ない場合はどのように対処するのか、③については、「同意の形骸化」や「同意疲れ」との関係を踏まえた有意な意思表示をどのように確保すべきか、とりわけ、黙示的同意に対する効果的な対処は何かという課題があるとされています[9]。サービスの利用の許否の際には設定しない等同意が求められる場面を限定することや、仮に本人が同意を拒否したとしてもサービスの利用を認める等不利益的取扱いの禁止に関する規定を設けるといったことも必要だとされます[10]。

　また、同意の要件の明確化については、周知のように EU 一般データ保護規則（General Data Protection Regulation（GDPR））が参考になります。例えば、GDPR 6 条（取扱いの適法性）では、「公共の利益において、又は、管理者に与えられた公的な権限の行使において行われる職務の遂行のために取扱いが必要となる場合」（同条 1 項 e）や「管理者によって、又は、第三者によって求められる正当な利益の目的のために取扱いが必要となる場合」（同条 1 項 f）等に該当したならば、管理者は個人情報を取り扱うことができるとされます[11]。続けて、GDPR 7 条（同意の要件）の規定は、「①個人情報を何の目的で、どのような人・

8　松前恵環「個人情報保護法制における『同意』の意義と課題」NBL1167 号（2020 年）20 頁～26 頁、22 頁を参照。
9　同上 22 頁～25 頁を参照。
10　同上 26 頁を参照。
11　渡邊前掲注 3　73 頁を参照。

機関が、どういった形（匿名化の有無・程度）で取り扱うのか」、「②同意するかしないかは自由で、同意をしなくても不利益にならないこと」、「③同意はいつでも撤回できること（遡及効が制限される場合はその旨［を定める―引用者]）[12]」だとされ、明示的同意を得ることを求める同意の一般的ルールを定めています。

(2)　自己情報コントロール権と同意

　同意の実質化の方法は、憲法上の自己情報コントロール権との関係で考えることもできます。自己情報コントロール権とは、「自己の存在にかかわる情報を『どの範囲で開示し利用させるか』を決める権利」のことです[13]。日本では、1970 年代に憲法学者の佐藤幸治氏がアメリカの自己情報コントロール権を紹介したことを契機に、憲法 13 条のプライバシー権に内在するものとして位置付けられるようになりました[14]。当時の自己情報コントロール権は、「もともと自分の管理下にあった、事実に関する情報をコントロールすること」とされていました。情報技術の発展に伴い現在では、「自分の管理下にないところで『事実らしく受け取れる情報』が生産されることも、本人による『コントロール』の対象として考えていく」ことだとされ、従来と比べて権利の射程が拡がっています[15]。

　もっとも、近時では、「個人情報の社会通念上不当な取扱い及びそれに起因する不利益を防止する」ことが重要な目的であり、また、その

12　森田明「個人情報保護委員会に関する制度面・運用面からの論点整理」日本弁護士連合会憲法問題対策本部情報問題対策委員会「シンポジウム報告書　個人情報保護の仕組みと組織の在り方を考える―個人情報保護を実効あらしめるために（2023 年 6 月 30 日開催）」103 頁を参照。https://www.nichibenren.or.jp/library/pdf/activity/human/information_issue/230630_hokokusho.pdf（2024 年 8 月 18 日閲覧）。

13　佐藤幸治『日本国憲法論［第 2 版]』（成文堂、2020 年）203 頁を参照。

14　山本龍彦「プライバシーの権利」ジュリスト 1412 号（2010 年）80 頁〜90 頁、81 頁を参照。

15　山本龍彦『おそろしいビックデータ　超類型化 AI 社会のリスク』（朝日新聞出版、2017 年）178 頁〜179 頁を参照。

場合における同意はあくまでも本人の利益を確保する方法の１つとして位置付ける、「適正な自己情報の取扱いを受ける権利」が提唱されています。[16] 個人情報保護の取扱い方に異なる視点を示し注目されています。

①　同意の実質化と自己情報コントロール権

同意の実質化を自己情報コントロール権の観点から考えてみましょう。

先に触れたように、アプリの利用規約やプライバシーポリシーで求められる同意の場面では、それを読み飛ばして同意することもあるでしょうし、個人情報の使い道がはっきりとしていない中でとりあえず同意したものの、当該個人情報が第三者に提供されることまで同意したつもりはなかったということもあるでしょう。そうすると、個人情報取扱事業者にとって、形だけの「同意」は、かえって都合の良い装置でしかありません。[17]

そこで、まず、本人が利用規約やプライバシーポリシーで示された個人情報の取扱い方法に基づいて自身の個人情報が取り扱われることを理解している必要があります。同意の実質化に向けては、本人が同意に係る内容を適切に理解した上で同意に至ったかどうかが重要となりますので、例えば、本人がその内容を理解できていないことはもちろん、本人を誤解させるようなものであった場合も、それに基づいてなされた本人の同意は取消しの対象としてみるべきではないでしょうか。[18]

16　音無知展『プライバシー権の再構成：自己情報コントロール権から適正な自己情報の取扱いを受ける権利へ』（有斐閣、2021年）、曽我部真裕「自己情報コントロール権は基本権か？」憲法研究3号（2018年）71頁〜78頁を参照。

17　この点は、個人情報も含まれているビックデータの取扱い時における課題とも共通しています。山本龍彦・前田恵美・寺田麻佑「Ⅰ　『ビックデータ』を考える」法学教室463号（2019年）10頁〜22頁、13頁（山本発言）を参照。

18　民間部門の事例ですが、2019年8月に就職情報サイトのリクナビを運営するリクルートキャリアが、「リクナビDMPフォロー」サービスで内定辞退率予測データを本人（就活生の利用

　この章の「1」で触れた小中学生の学習用端末情報や母子手帳アプリの個人情報の取扱いに係る問題は、まさに利用者（学習用端末情報の問題の場合は、利用者が未成年者であるため代理人である保護者）の理解が及ばない、利用しなければならない状況下にあって事実上、利用規約やプライバシーポリシーに同意せざるを得ませんでした。SaaS 利用が進められていくと、今後もこういった場面が多くみられることが予想されます。だからこそ、同意の実質化が問題となるのです。

　そこで、これらの事例のように、同意しないことで不当ないし差別的取扱いを受けることをおそれて、同意を事実上強いられる場合に、サービスの利用そのものの同意はともかくとして、個人情報の利活用についての同意は取消しの対象と考えるべきでしょう。本人が利用規約やプライバシーポリシーを通して個人情報の取扱いに同意したとしても、それを一律に有効な同意とみなすべきではありません。

② 　同意の実質化と情報銀行制度の「有用性」

　自己情報コントロール権の「コントロール」という言葉のイメージから、個人が主体的にあらゆる個人情報に関わり、同意が絶対的であるように見えるかもしれません。しかし、自己情報コントロール権の本質は、その個人情報を誰とどの範囲まで共有するのかを自己で選択できる権利であり、自己情報コントロール権は、あらゆる個人情報の

者）の同意なしに顧客である採用企業に提供していた問題（以下、「リクナビ」問題）があります。リクナビ問題に対して個人情報保護委員会は、リクルートキャリアとリクナビ DMP フォローを使用した企業（データ利用企業）に本人の同意なしに第三者提供がされたことや安全管理措置義務を怠っていたとして個人情報保護法違反とし、勧告や行政指導を実施しました。リクナビ問題の場合はそもそも本人が、自身が特定される形で採用企業に内定辞退率予測データを提供されるという説明を受けた上で同意するとは到底思えません。そうすると、リクナビ問題では、同意に係るプライバシーポリシーが不明確なものであった（プライバシーポリシーの同意取得の方法に明らかな瑕疵ないし不備が存在していた）と言わざるを得ず、このような場合における本人の同意は、仮に本人が同意してしまったとしても取消しの対象と考えるべきです。リクナビ問題については、日経ニュースアーカイブ 2019 年 8 月 1 日、同 2 日、日経新聞朝刊 2019 年 8 月 3 日、同 6 日、同 7 日、同 27 日、同 9 月 4 日、同 6 日、同 12 月 5 日、同 14 日を参照。

図 4-1　情報銀行の取扱い

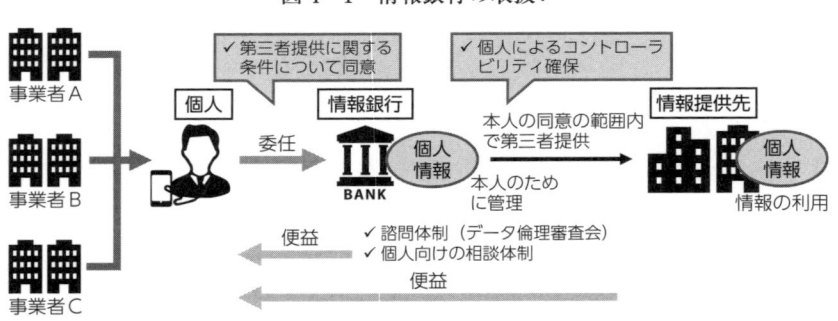

（情報信託機能の認定スキームの在り方に関する検討会「情報信託機能の認定に係る指針」（令和5年7月改定（Ver.3.0））8頁より抜粋。https://www.soumu.go.jp/main_content/000900795.pdf（2024年8月18日閲覧））

取扱いに対して同意を求めるものではなく、むしろ、適切な場面で同意が行われることを想定したものです。そもそも様々な個人情報が絶えずやり取りされている現代社会において、自らそれをコントロールすることは不可能に近いでしょう。

　自己情報コントロール権を根拠に同意の実質化を目指す場合は、本人の情報に係る自己決定の尊重と本人による実際の同意の尊重との間のずれを見直す必要があります。そこで、同意を求める場面を限定し、実際に同意を求められる場合は、一定の時間をかけて本人が、自身の個人情報がどういった形で管理されているのかを把握できることが必要となります。この点について、近年、総務省が取り組んでいる情報[19]銀行制度（**図 4-1**）が注目されています。

　情報銀行制度とは、実効性のある本人の関与を向上させ、個人データの流通・活用を促す目的で本人が同意した範囲内で信頼できる主体に個人情報の第三者提供を委ねる仕組みだとされています[20]。情報技術の発展によって個人情報が大量に溢れ、個人が自身の個人データを

19　同意の有効性との関係で、曽我部真裕・山本龍彦「自己情報コントロール権をめぐって」情報法研究7号（2020年）128頁〜140頁、136頁（山本発言）を参照。
20　渡邊前掲注3　270頁を参照。

隅々まで管理することは事実上困難な社会となりました。そこで、情報銀行が、個人に代わって当該個人情報を適正で安全に管理し、情報提供先（民間企業等）との間で対応するものとして考案されました。[21]

　しかし、情報銀行制度は、同意のあり方に限ってみても問題のある制度のように思います。情報信託機能の認定スキームの在り方に関する検討会「情報信託機能の認定に係る指針」（令和5年7月改定（Ver.3.0））では、「認定の対象は、①事業者が個人情報の第三者提供を利用者個人が同意した一定の範囲において利用者個人の指示等に基づき行い、その際利用者個人に代わり第三者提供の妥当性を判断するサービスと、②利用者個人が個別に第三者提供の可否を判断するサービスのうち、情報銀行が比較的大きな役割を果たす」（9頁を参照）と記載していますが、例えば、本人の同意の範囲内で個人データを第三者に提供するとはいえ、本人の同意が包括的同意となって、事実上の白紙委任をもたらすおそれがあります。また、本人が個人データの第三者提供に不同意の意思表示を明示しなければ、第三者提供に同意したとみなされることにもなります。個々の事業契約時における、個人データの第三者提供に係る本人の同意の取り方が明確ではありません。これでは、本人の同意が何の意味も持たないでしょう。情報銀行制度を同意の実質化をもたらすものとして、評価することは早計なように思います。

4　SaaS 利用と本人の同意のあり方

　この章では、自治体による SaaS 利用にあたって個人情報の取扱いについての同意のあり方について検討してきました。個人情報取扱事業者が個人情報の取扱い時において、本人が自己の真意に基づく同意

　21　個人情報の管理を可視化する制度とみているものとして、原田大樹「情報技術の展開と行政法」法律時報92巻9号（2020年）118頁〜123頁、123頁を参照。

をすることができ、また、そのような同意ならば有効な同意として評価する手続的な仕組みを備えることが求められます。例えば、同意それ自体の有無の評価と、それが「有効な同意」と位置付けられるための評価とを区別し、後者が満たされることで初めて本人の真意に基づく同意（有効な同意）と位置付けるといったことが可能ではないでしょうか。

そして、SaaS 利用時における本人の同意は、①情報提供がどういった手続き（形式）で行われるのかを明示すること、②同意した者に利用する個人情報がどういったものなのか等適切で十分な情報が提供されること、③第三者への提供における「第三者」の位置付け（同意たる本人が想定し得る「第三者」の範囲）を明確にすることが重要です。

最後に、SaaS 利用に係る利用者本人と自治体双方の姿勢について、簡潔に指摘しておくことにします。

利用者本人は、自己の個人情報を身体や財産に等しいものだと捉え直し、疑問や不安を覚えたならば、逐次、民間事業者（個人情報取扱事業者）や自治体に問い合わせをして自己の個人情報の扱われ方を適切に理解しておくことが望ましいです。

自治体は、同意に係る利用規約の内容を把握し、問題があるならば、民間事業者（個人情報取扱事業者）との間で協議し、より適正な利用規約に改訂していくことや、利用者本人が相談に来た場合には情報の扱われ方を丁寧に説明し、利用者本人の疑念を払しょくするといったサポート活動を積極的に行っていくべきでしょう。

5 SaaS 利用の契約諸関係が有する問題点と自治体の課題

稲葉一将

1 調達契約の公共性が問われている海外の動向

　自治体が民間事業者によって提供や保守が行われる SaaS を利用する契約を締結する場合において、この自治体には、前章までで述べられた問題点を理解して、そして実践することが社会的に期待されるようになってきている、と感じています。なぜこのように述べるのかというと、日本国内とは異なって、海外では DX 推進の積極面とともに消極面も強く意識され、また表現されていますが、それが一般論としてではなくて、行政が民間事業者からシステムを調達する契約論としても、その消極面への対応が検討されているからです。

　たとえば、内田聖子氏は、プロバイダーに対して、価値あるデータの返却を求めるバルセロナ市議会の試みを紹介しながら、これを「公共調達という自治体の力を最大限活用し、導入する技術を倫理的で透明性の高いものにする試み」だと積極的に評価しています。[1]この実例は、個々の自治体が保有する住民のデータを、この収集と融合によって私益追求のための手段に転じ、そして活用しようとするプロバイダーに対して、個々の自治体がその区域における住民全体の利益に奉仕するために、プロバイダーからその保有するデータを取り戻す、という例でしょう。このように理解する場合には、グローバルな規模で進行する新しい資本主義的生産様式ではありますが、データという素材、プロバイダー等の主体が追求する利益そして最後にプロバイダーと契

1　内田聖子『デジタル・デモクラシー―ビッグ・テックを包囲するグローバル市民社会―』（地平社、2024 年）215 頁。

約を締結する行政のあり方という三つのレベルで、それぞれの「公共性」が問われるようになる構造は、従来と同様だと理解することもできるでしょう[2]。

　また、DX が推進されているアメリカ社会ですが、行政法学の分野においては、アルゴリズムの「アカウンタビリティ」を確保するためのコントロールの手段として位置づけるという観点から、行政が契約を締結する意義を考察した論文が公表されています[3]。一般に、アメリカの法学はプラグマティズムが有力ですから、「アカウンタビリティ」の確保という観点からの論文を法学者が公表しているという事実は、既に DX の推進が有する様々な問題点が社会において意識され、あるいは実際に出現しているということを意味するのでしょう。

　そのアメリカの法学者が論じているのと同様に、日本国内においてSaaS を利用するための契約に即して DX の「アカウンタビリティ」を確保するといった問題設定が、外国の理論紹介や一般論としてではなくて、国内の実例に即していわば内発的に試みられているのかというと、残念ながら、必ずしもそうなっていません。このことの原因これ自体が一つの研究対象ですが、それはともかくとして、日本国内でも、本書「2」「3」が示すように、SaaS 利用の問題点は、実践的観点から既に主張されていますので、同じ素材に即しながら、しかし実践的観点とは異なる観点からこれを論じることは可能です。

2　「公共性」を三つに分析する必要性を述べていた論者は、第 1 に「素材」、第 2 にこれにかかわる「権利利益」、第 3 に権利利益を実現するための「政治・行政」という異なる三つのレベルで、「公共性」をめぐっての対立と矛盾そして発展の構造を考察していました。室井力「国家の公共性とその法的基準」室井力ほか編『現代国家の公共性分析』（日本評論社、1990 年）13 頁注 20 のほか、同『公共性論と自治体立法の展開―市民的生存権的視点から―』（地方自治総合研究所、1992 年）6〜9 頁も参照。

3　Cary Coglianese & Erik Lampmann, Contracting for Algorithmic Accountability, 6 Admin. L. Rev. Accord 175 (2021). この論文では、たとえば、「Procurement as AI Governance」（181 頁）と述べられていたように、AI 等の DX のガバナンスを行う手段として、調達契約が位置づけられていました。

　そこで本章は、自治体が SaaS 利用のために締結する契約が、この一方では私益追求のためのデータ活用を推進する手段でありながら、他方では行政事務という公務性の確保や個人情報保護が課題になる現場だと考えることで、SaaS 利用契約の問題点を述べてみようと思います。

2　SaaS 利用契約の諸関係

⑴　契約関係の整理

　まず、SaaS が利用される場合の契約諸関係を整理するところから検討を開始しましょう。実務向けの書物では、「契約関係」の「主要関係者」に位置する「自治体」が、「自治体に標準準拠システムのソフトウェア」を「提供するベンダー」である「アプリケーション・サービス・プロバイダー（ASP）」と、「アプリケーション等提供・保守契約」を締結する場合が説明されています[4]。

　一般的にはその通りですが、自治体と ASP といわれる民間事業者との契約関係に加えて、民間事業者とこの者が提供するソフトウェアを利用する者という関係が加わります。そして、補助金交付の関係も契約の一種だと理解する場合には、国からデジタル田園都市国家構想交付金を交付されている自治体も存在します。デジタル庁は、自治体における調達の「支援」という目的のために、「モデル仕様書」を作成してこれを公表するとともに、いくつかの民間事業者の名称やシステムの内容を紹介しています[5]。これらの関係を図示すると、**図5−1** のようになります。

　以上のように、SaaS を利用するために締結される契約といっても、これは、国、自治体そして民間事業者が関係していますし、最終的に

4　三木浩平・吉本明平『こうすればうまく進む自治体システム標準化＆ガバメントクラウド』（ぎょうせい、2023 年）84 頁、86 頁。
5　デジタル庁「デジタル実装の優良事例を支えるサービス／システムのカタログ（2024 年夏版）」（https://digiden-service-catalog.digital.go.jp/pdf/catalog.pdf?0802）。

図5-1　SaaS をめぐる関係

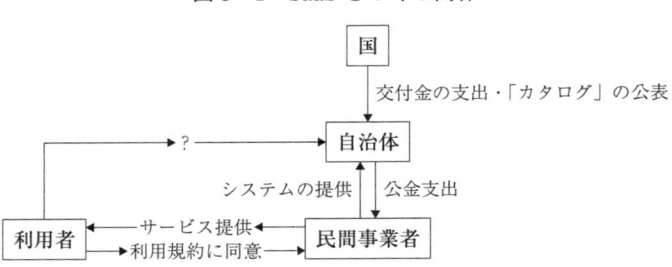

は、民間事業者と利用者（住民）が、保育業務支援等のサービスの提供とこれの利用という関係を形成します。

　しかしながら、これらを広く契約諸関係だと捉える場合でも、それぞれは無関係です。たとえば、図の、自治体と民間事業者が締結するSaaS 利用契約と、この民間事業者が提供するサービスを利用者が利用する関係とは、切り離されています。実際に多くの自治体は、ホームページ上などで、「アプリダウンロードのお願い」等のダウンロード先の情報提供を行うとともに、「アプリの使い方やお問い合わせ先」については、民間事業者の連絡先を掲示するにとどまります。民間事業者が提供するサービスに関して、この利用者つまり住民と自治体との関係が曖昧になっているのです。このため、自治体の側では、住民との関係で無責任になっていないのか否かの自省が求められると、筆者は考えています。このことを、次にもう少し詳しく述べてみましょう。

(2)　事務と業務の共通化に対する公務性の確保

　2019 年に改正された情報通信技術を活用した行政の推進等に関する法律（2002 年法律第 151 号）2 条が定める、いわゆるデジタル 3 原則の第 1 原則を参照します。同法は、「手続等に係る関係者の利便性の向上」（同法 1 条）等の目的のために、「デジタルファースト原則」（同法

２条１号）を、行政機関の「事務」および民間事業者の「業務」の「自動化」および「共通化」を図るものだと定めています。

　SaaS 利用の場合も、保育の事務（業務）のように、自治体の事務と民間事業者の業務との「共通化」という特徴を帯びていることが分かります。本書「2」が述べるように、保育の事務のほとんどは、民間事業者が提供するアプリケーションソフトウェアによって、代替可能になってきているのです。

　その「事務」の場合ならば、誰のどのような権利利益内容が「公共性」を有するのかという権利利益のレベルでの「公共性」が、行政という「事務」の「公共性」のレベルで問われてきます。ところが、その「事務」が、民間事業者の「業務」として行われる場合には、「業務」を行う民間事業者が追求する私益が優先され、権利利益内容の「公共性」を問うことは難しくなります。

　民間事業者や個々の職員の「倫理」に期待することにも限界がありますから、自治体が、契約の締結前において、権利利益内容といっても様々ですが、たとえば児童福祉等の関係部局での専門的（エキスパート）な観点から、民間事業者が公表している「利用規約」の妥当性を検討すべきです。

　というのも、ここで個々の「利用規約」の内容を示すことはしませんが、民間事業者が利用者との関係で定める「利用規約」が、母子保健法（1965 年法律第 141 号）等の法律が定める目的や趣旨に沿った内容になっているのか否かの疑問をもちつつこれを読みますと、利用者の自己責任が記されている反面、民間事業者の責任を明確にするという書きぶりになっているとは、必ずしもいえないと思われるからです。

　利用者としての住民は、「利用規約」に同意する場合には、これに拘束されることになります。住民の権利を保護するために存在するのでしたら、自治体は、保育や母子保健のような福祉分野において、個々

の利用者の権利よりもむしろ義務や責任が「利用規約」に定められていないのかの事実の確認と、そしてその妥当性を検討することが求められます。

　この場合、自治体が、SaaS 利用契約の相手方である民間事業者とは異なって、第三者に該当する利用者（住民）の利便性向上等の目的のために、民間事業者と SaaS 利用契約を締結するという法的構成（いわゆる第三者のためにする契約）がありえます。この構成による場合には、利用者としての住民という（契約当事者以外の）第三者の権利を保護するために、つまり利用者が安心して SaaS を利用できるようにするために、自治体が民間事業者と SaaS 利用契約を締結するのだと考えることになります。

　なぜ、このような法的構成に言及するのかというと、それは、自治体が民間事業者と SaaS 利用契約を締結するのはなぜか、という問題意識をもつことが大切だと思われるからです。つまり、自治体がなぜ民間事業者と SaaS 利用契約を締結するべきであるのかを、自治体の側で理解していなければ、自治体は住民との関係で無責任になってしまうからです。

(3)　個人情報の活用に対する保護の実質化

　DX が、「情報資源」というように個人情報を「資源」として「活用」する方向性を有することは、繰り返して述べる必要がないでしょう。実際に、個人情報の保護に関する法律（2003 年法律第 57 号）1 条は、もともと「個人の権利利益」の「保護」が目的でしたが、2015 年改正により、個人情報の「活用」といった語句が加わりました。このように目的が増えて、あるいは分裂したとしても、「保護」の法規範が消滅したことにはならないので、「保護」のための手段が必要であることに変わりはありません。

　自治体と民間事業者との関係で、保育園が管理していた保育データなど、自治体が保有する個人情報を民間事業者に提供する場合には、自治体に同法の第5章（行政機関等の義務等）が適用されるとともに、民間事業者には同法の第4章（個人情報取扱事業者等の義務等）が適用されます。

　ところが、SaaS の利用者が、民間事業者に個人情報を提供し、また民間事業者がその「利用規約」に基づき個人情報を内部利用さらには外部提供する場合には、民間事業者に同法の第4章だけが適用されます。ここで、「SaaS の利用者」といっても、保育や母子保健の場合は、これらに関連する「利用規約」に記されているように、子どもの個人情報が利用され、提供されることに注意を要します。子どもの個人情報は、仮に本人識別性を弱くするための加工処理が施された場合でも、子どもの像が作られますから、たとえば家庭状況と子どもの成長との連関が統計データとして作成され、公表されるような場合には、その一般的なデータが独り歩きすることで、多様な成長を経験するはずの子どもの成長が画一化されてしまう可能性はないでしょうか。家庭状況によって子どもが差別を受けることがあってはなりませんが、統計データが差別化の根拠になる可能性も危惧されます。したがって、個人情報といっても子どもの個人情報が収集される場合には、親の同意や同意の解除等の個人情報保護の実質化が課題になります。

　自治体が民間事業者に個人情報を提供する場合ならば、児童福祉等の関係部局での検討に加えて、個人情報保護審査会等の外部委員に意見を聴く機会もあるでしょう。しかしながら、従来の業務委託契約がそうであったような自治体と民間事業者との関係（同法第4章および第5章の適用関係）が、SaaS 利用契約では利用者本人の同意（同意の解除を含む）が重要性を増すことになる民間事業者との関係（同法第4章の適用関係）へと転化するのです。つまり、利用者（住民）が民間事業者

によって提供される SaaS を利用する関係は、個人情報保護の観点からこれを見る場合には、自治体が蓄積してきた個人情報保護の仕組みや運用を、民間事業者が回避できる、自治体にとっては個人情報保護のために取り組む機会が減少するという一面があります。

　もちろん、自治体ではなくて、個々の利用者本人が自ら権利を行使して個人情報を守ればよいのです。しかしながら、利用者が自分の個人情報を自分で守るという、いわば強い個人でいなければならないように変質を迫られていることを、利用者の側で十分に認識できているのかというと、本書「4」が述べるように、現状では不安が残ります。

　つまり、利用者が「利用規約」に同意するのか否かの実質判断を行わないままで、これに同意しているのでしたら、個人情報保護という法規範は形だけになっているといえるでしょう。またそうならば、形骸化を放置せずに個人情報保護という法規範を実質化するための工夫が必要になってきているのではないでしょうか。

　利用者の同意を実質化するために自治体ができることを考えてみましょう。たとえば、「利用規約」に書かれた個人情報の、①利用目的の具体性、②利用する個人情報の範囲の広狭、③統計分析が行われるのか否か（また、その目的の具体性）、④第三者提供の「第三者」の具体性、に注目します。そして、従来、自治体が個人情報を外部提供してよいのか否かの許否の判断において蓄積した経験を活かしながら、「利用規約」に問題点が発見された場合には、規約の修正を民間事業者と協議すればいかがでしょうか。

3　議会と執行機関との関係

(1)　二元（的）代表制における協力関係の形成
　憲法93条2項は、自治体に長と議会を置くこと、そして長と議会の議員が住民による直接選挙で選ばれることを定めています。どちらも

住民によって選挙で選ばれることから、一般に二元（的）代表制といわれています。これを「二元」代表制と表現するのか、それとも単純な大統領制とは異なるので「二元的」というのか、さらには競争や協力関係といった実質的な意味を「的」の語句に含ませるのか、といった様々な見解が存在します。[6]

　見解が異なるものの、長も議会の議員も、どちらも住民の選挙で選出されるのですから、どちらにも民意が反映されているはずです。長だけが住民の意思を反映している、あるいは議会だけが住民の意思を反映しているというのは、極端です。自治体の政治行政が、住民の部分的な意思を反映したものではあってもそれは一般的な意思ではないと考える場合は、長であれ議会であれ、その一般的な意思の反映に努めるべきでしょう。この場合、つまり長と議会が、その反映されていないと考える住民の一般的な意思を反映する努力を行う場合には、相互補完的な関係性が生まれるのです。相互補完に努めることで、民主的な自治体運営が一層強化されるべきでしょう。

　以上で述べたことは、自治体 DX や事務処理システムの SaaS 化に関しても、同様です。自治体 DX の基本計画（基本方針）の策定や SaaS を利用するための契約の締結は、関係部局での検討を経て、自治体の長が行います。その場合に、住民の一般的な意思が反映されていれば議論しなければならない問題点はありませんが、そうでない場合には、議会の存在理由が問われます。つまり住民が十分に理解できないまま、自治体 DX の基本計画（基本方針）が策定され、また SaaS 利用契約が締結されようとしている場合には、議会の議員が一般質問を行うなど

6　地方自治法の教材類の例として、塩野宏『行政法Ⅲ第 5 版』（有斐閣、2021 年）213 頁、室井力・原野翹『新現代地方自治法入門第 2 版』（法律文化社、2003 年）222 頁（渡名喜庸安執筆）など、多数の文献があります。また、比較的最近の論稿として、江藤俊昭「地方自治における二元的代表制＝機関競争主義―公共政策論における制度の意義―」大正大学公共政策学会年報 2 巻（2022 年）3 頁以下（https://tais.repo.nii.ac.jp/records/2042）を参照。

して、住民の意思を反映することが期待されるのです。

(2)　地方自治法が契約に関して定める議会の議決事項

　SaaS 利用のための契約も、自治体が締結する契約の一種です。地方自治法（1947 年法律第 67 号）96 条 1 項は、議会が次に掲げる事件を議決しなければならないと定め、5 号により「その種類及び金額について政令で定める基準に従い条例で定める契約を締結すること」を定めています。地方議会も国の国会と同様に条例制定権という立法権を行使しますが、この 5 号の例のように、個別の行政活動でもそれが重要な案件の場合は、議会は議決機関でもあります。

　これ以外にも、同法 237 条 2 項が、条例または議会の議決による場合でなければ、適正な対価なくして財産を譲渡してはならないと定めています。財産の無償譲渡など、その恣意性が疑われ、また住民の生活に影響が及ぶような行政活動については、一般的にこれが禁止され、個別的に議会の議決が必要になるのです。

　以上は地方自治法という国の法律が、地方議会の議決が必要な場合を定めた例です。その例に、契約締結行為の一部が含まれているのです。そして同法 96 条 2 項は、条例で議会の議決すべきものを定めることができる、と定めています。法律に定められた必要的な議決事項に加えて、条例で議決すべきものを定めることもできるのです。

(3)　基本条例の制定というアイデア

　保育業務支援システムのように、SaaS を利用するために締結される契約は、現在、一般競争入札ではなくて、随意契約（公募型プロポーザル）の例も少なくないと思われます。関係部局が定めるガイドラインが存在する場合でも、公正な競争による契約の適正化が難しい状況にあるならば、地方議会に対する期待も大きくなるでしょう。たとえば、

「SaaS 利用契約条例」や「SaaS 利用契約の適正化に関する条例」というように、自治体としての基本方針を定めることも可能です。本書が以上で述べてきた内容を、地方議会による条例制定権の行使という出口に導く企図でもって、以下、若干のアイデアを述べてみたいと思います。

　まず、条例といっても、個々の場合を想定しつつ詳細な内容を盛り込むものと、そうではなくて基本的な方針を定めるようなものとでは、その方向性が異なります。SaaS のように絶えず技術革新が行われている情報化に対応する立法のありようとしては、後者のタイプが適しているといえるでしょう。いわば軽装備型の条例を制定して、この条例の運用によって、条例の規範内容を実質化するという方向性です。

　このように考えると、条例の目的、自治体や民間事業者の責務および SaaS 等の定義が含まれる「総則」と最後の「雑則」のほかには、長が定める「SaaS 利用に関する基本方針」、契約の締結から解除までが含まれる「SaaS 利用契約」といった章からなるシンプルな構成で、基本条例を構想するというアイデアがありえます。

　自治体の責務においては、年齢、障害の有無等の心身の状態および経済的な状況等の要因に基づく差別的取り扱いが生じないようにするといった平等原則を定めることが考えられます。民間事業者の責務については、自治体と契約を締結する民間事業者は、「利用規約」について、利用者から質問を受けた場合には、利用者が「利用規約」の内容を十分に理解できるように説明する責務を負うといった内容が、要検討事項になるでしょう。

　長が定める「SaaS 利用に関する基本方針」というのは、たとえば、自治体と契約を締結した民間事業者が住民の個人情報を活用して作成した統計等のデータは、自治体に無償で提供するものとする、といった基本的な方針を想定しています。基本方針の策定手続を定めるとと

もに、保育や母子保健さらには窓口のように SaaS が利用される分野別の基本方針を策定することも一案でしょう。

　基本方針の章の次には、自治体が SaaS を利用するための契約の締結、契約の履行の確保、議会の議決および契約の解除といった条項を含む、「SaaS 利用契約」といった章が考えられます。ここでは、自治体と契約を締結する民間事業者は、「契約を締結するに当たっては、この条例が定める基本方針に基づいた覚書を交わさなければならない。」といった SaaS 利用のための覚書や契約書を締結する規定を置くことが重要です。なぜなら、条例は基本的な方向性を示すものですから、その具体化が覚書や契約書において図られるべきだからです（その場合の観点や基本的な論点については、本書「2」の「補論」を参照してください）。

　そして、覚書に反する場合も想定しつつ、自治体の長が民間事業者と協議を行い、勧告と勧告不服従の場合の事実の公表を行う権限を、条例で定めておくべきでしょう。たとえば、個人情報の解析や活用の過程で、プロファイリングの正確性に疑義が生じた場合は、自治体の長が「特定の個人を識別する情報が含まれていない統計調査等のデータに関しても、プロファイリング等の情報が正確でないために、子どもの不当な差別を生むおそれがあると認めるとき」等の場合に、自治体と契約を締結した民間事業者に対して、「必要な是正措置を講ずるように勧告するものとする。」等の規定の必要性を検討してみてはいかがでしょうか。

　なお、私立保育園のように自治体が事務の主体ではない場合もあります。この場合においても、自治体が「私人間協議の支援」や「私人間協定締結の支援」のための「情報提供」を行う旨の規定を置いておくと丁寧です。

　最後に、「雑則」においては、補償または賠償について定めるべきです。なぜなら行政事務と民間業務との「共通化」は、責任の所在を曖

昧なものにしがちだからです。民間事業者が提供するアプリケーショ
ンソフトウェアといっても、もともと自治体の事務ですから、個人情
報の漏洩によって損害を被った場合、住民は、自治体に対して補償ま
たは賠償を請求することができると定めるとともに、自治体が、自治
体と契約を締結した民間事業者等の直接の加害者に対して求償すると
いった規定がありうるでしょう。SaaS を利用するために契約を締結す
る自治体の責務として、責任の所在を明確にするために、あえて条例
に規定を置くのです。

　以上、本書の終わりに、基本条例の制定というアイデアを述べまし
たが、概念や用語など、これらは十分に練られたものではありません。
むしろ、それぞれの自治体で関係者が議論するきっかけになればとの
思いから、方向性を述べたものにとどまります。自治体が SaaS を利
用するために契約を締結する場合においても、自治体の主体性が発揮
されるようでしたら、そしてその場合に本書が活用されるようでした
ら、執筆者の一人として幸いです。

資料
—デジタル庁「モデル仕様書」—

資料　デジタル庁「モデル仕様書」（保育所業務支援システム）

■概要

保育所業務効率化システムは、保護者との連絡手段のシステム化や帳票作成等の保育所業務をデジタル化することで、保育士の業務負担を軽減するシステムです。このシステムでは、保護者との連絡、園児の登園・降園の記録・管理、保育士の日誌や保育記録の作成・保存が可能です。これにより、保育士は園児の保育に専念でき保育の質の向上や、デジタル化による情報伝達の迅速化による保護者との円滑なコミュニケーションの促進が期待されます。

要件定義				自治体にとって必須機能	2024/4以降で実装が望まれる機能
機能分類体系			要　件		
大項目	中項目	小項目			
■基本要件					
共通事項	サービス提供環境	機器環境	利用者、管理者双方のサービス利用環境を指定する。 利用者の操作機器環境 ・対応させる機器（PC/スマートフォン） ・対応 OS とそのバージョン ・対応ブラウザーとそのバージョン 管理者の操作機器環境 ・対応させる OS とそのバージョン ・対応ブラウザーとそのバージョン 利用環境においては、Java、ActiveX、.NET Framework 等のプログラムを別途必要としないこと。必要とする場合は、その理由を明確に示すこと。	○	
		ネットワーク環境	サービスを提供するネットワーク環境及び通信経路の暗号化について自治体が希望する要件を記載する。提案する環境が自治体の希望と異なる場合は、その理由やネットワークセキュリティ面で問題ないことを示すこと。 例） 利用者側環境：インターネットで接続できること。 管理者側環境：LG-WAN 系もしくはインターネット系（自治体が指定するネットワーク）で動作すること。 インターネット上の通信経路においては暗号化を行うこと。	○	
		データ管理	データ管理環境について自治体が希望する要件を記載する。提案する環境が自治体の希望と異なる場合は、その理由やデータセキュリティ面で問題ないことを示すこと。 例：アプリサービスの場合、デバイス内には情報は保有せず、サービス提供クラウド環境（データセンター内）でデータを保有すること。ただし、システムから帳票類等を利用端末にダウンロードした場合はこの限りではない。 （その他）	○	

		・情報資産は発注者が指示しない限り日本国内に保管されること ・運用系の情報資産は発注者が指定した場合を除き全て日本国内に保管されること		
		データのバックアップに関して自治体が希望する要件を記載する。提案する環境が自治体の希望と異なる場合は、その理由やデータセキュリティ面で問題ないことを示すこと。 ・どのような環境でバックアップを行うか ・間隔と世代数（例：週次で 4 世代保有すること） （その他） 障害発生時の情報資産の退避先は発注者が指定した場合を除き全て日本国内であること。	○	
		スマートフォンの端末故障時や機種変更時のデータ引継ぎが配慮がされていること。	○	
	サービス提供時間	原則、24 時間 365 日利用可能とすること。ただし、保守等の予定された停止については、この限りではない。	○	
ライセンス数	利用者側ライセンス	利用者側アカウントライセンスが必要となる場合は、利用者ユーザー数として○アカウント以上対応すること。	○	
	管理者側ライセンス	管理者側アカウントライセンスが必要となる場合は、利用者ユーザー数として特権ユーザー○アカウント以上、一般ユーザー○アカウント以上対応すること。	○	
デザイン・操作性	デザイン	表示画面上の項目配置や色使い等、誰もが利用しやすいユニバーサルなデザインであること。	○	
	操作性	利用者およびサービスを提供する管理者双方にとって、わかりやすく、操作性が高く、効率的な運用が可能であることを示す。	○	
	アクセシビリティ	アクセシビリティに配慮したデザインであること。 例：「JIS X8341-3：2016」が規定する「レベル AA」に準拠など	○ ※選択必須	
	視覚障害者支援	サービスを円滑に利用するためのユーザ補助機能として、次のような機能を用意できること。 例) ・視覚障害者が自力でユーザー向けアプリ等を操作できる機能 ・各種機能をショートカットキーにより利用できる機能　など		○
	多言語対応	（多言語対応が必要な場合） 必要な言語を示す。		○
情報セキュリティ	認証資格	（対応する必要がある場合） ISMS など事業者における認証制度・評価制度への対応。	○ ※選択必須	

	データセンター	データセンターは Tier34 相当であり、建築基準法（昭和 25 年法律第 201 号）の新耐震基準に適合していること。 データセンタの物理的所在地を日本国内とし、情報資産について、合意を得ない限り日本国外への持ち出しを行わないこと。	○ ※選択必須	
	個人情報・情報セキュリティの遵守	個人情報保護法および○○市情報セキュリティポリシーを遵守すること。	○	
	システムログ	エラー情報の把握や UI/UX の改善に必要となるログ情報を取得すること。	○	
	アクセス・操作ログ	管理システムのアクセスログを取得すること。	○	
	不正プログラム対策	システム（サービス）の稼働環境及び開発・テスト環境においては、コンピュータウィルス等不正プログラムの侵入や外部からの不正アクセスが起きないよう対策を講じること。	○	
		システム（サービス）の稼働環境及び開発・テスト環境で用いる OS やソフトウェアは、不正プログラム対策に係るパッチやバージョンアップなど適宜実施できる環境を準備すること。	○	
	その他セキュリティ対策	個人情報の保護に配慮するなど、利用者が安心して利用できる対策を実施していること。	○	
データ移行	―	システム更新（再構築）の場合、前システムからのデータ移行の条件を記載する。 （例）移行データの種類等	○ ※選択必須	
		将来的なシステム移行等に備え、保持するデータについては政府相互運用性フレームワーク（GIF）に準拠するなど標準的なデータモデルに沿った形にすること。		○
サービス終了時・契約満了時等の対応	保有データの提供	サービス開始後に利用者が入力した情報及び発注者が登録した情報のうち、発注者の情報管理権限を有する情報については、契約終了後にデータを抽出できること。	○	
	保有データの消去等	サービスを終了若しくはサービス利用契約終了後は、保有データの提供・抽出ののち、速やかにシステムから消去すること。消去においては、復元不可能な状態にすること。	○	
利用規約等	利用規約への同意	サービスの初回利用時やサービスに重要な変更を行った際には、利用者に利用規約の内容を提示し、確認（同意）をとることができること。	○	

		自動取得情報への同意	機器の個体番号やGPS位置情報等、利用者がサービスを利用する際に自動的に取得する情報がある場合は明示するとともに、それら情報取得について同意を得ることができること。 （利用規約の確認に含む場合は不要）	○	
		プライバシーポリシー	プライバシーポリシーを表示すること。	○	
	問い合わせ機能	—	サービス内の問い合わせフォームなどから、問い合わせを行うことができること。		○
	統計機能	—	サービスの運用状況や利用状況を定期又は任意の時点で集計し、確認できること（事業者が確認し、報告する形式でも可）。指定するデータがある場合は記載。 （例）アプリ利用登録者数、アプリアクティブ利用者数、機能ごとの利用数など		○
	関係法規制への対応	—	サービスの稼働、運用・提供に関係する関係法規制を遵守するとともに、常に最新動向を把握し、適宜必要な見直し・改善を実施すること。	○	
	著作権	—	（必要な場合） 第三者が権利を有している画像等を使用する場合は、事前に権利者から二次利用を含めた使用の許諾諾を得た上で、必要となる一切の手続き及び使用料の負担等は受託者が行うこと。	○	
資格管理	利用者側アカウント管理	管理情報	利用者は、以下の情報を登録し利用登録を行えること。 （例）各園から配布する専用ID・パスワード、名前、連絡先、続柄　など	○	
		アカウント設定方法・認証方法	利用者アカウントの設定方法（再設定含む）及び認証方法（再認証も含む）について自治体が希望する認証方法を記載。 提案する認証方法が自治体の希望と異なる場合は、その理由やセキュリティ面で問題ないことを示すこと。 ※設定時や認証時における2段階認証や多要素認証、生体認証を導入したい場合は指定	○ ※選択必須	
		アカウント情報の修正・停止（廃止）	利用者自身がアプリ上（WEB上）でアカウント情報の修正を行えること。	○	
			管理者が利用者のアカウント情報を確認・停止（廃止）、削除ができること。 ※管理者の依頼による受託者の作業も含む	○	
	管理側アカウント管理	アカウント情報管理	職員ごとにログインID及びパスワードを発行できること。 また、管理者アカウントに、職員情報を登録することができること。	○	

				○	
			（例）職員番号、所属、名前、担当クラスなど		
			職員アカウントの登録は、CSV 等により一括で追加・変更・削除ができること。	○	
		アカウント設定方法・認証方法	職員ごとに ID/パスワードでログインできること。職員ごとに有効期限を設定し、有効期限が切れた際は、ログインできなくなること。	○	
			特定の権限のある職員は、他の職員のパスワードを変更・リセット等できること。	○	
		アクセス制御	職員アカウント単位に、以下のような権限の設定ができること。（例）承認権限、更新権限、閲覧権限、機能ごとの使用可否設定（登降園時刻変更のみ使用可等）　など	○	
			職員の権限設定は、特定の権限を持つアカウントからのみ行えること。	○	
■類型毎に異なる機能要件					
アプリ保護者向け機能要件	全般	情報共有	複数の子どもを同一の保護者のアカウントで管理できること。（別の施設に通園している場合を含む）	○	
		操作方法・FAQ	アプリを簡単に利用してもらうための工夫がされていること。例：利用マニュアル・FAQ がアプリ内（WEB ブラウザ内）で確認できること。	○	
		その他	卒退所後○年以上は保護者アプリもしくは WEB ブラウザを継続して利用ができ、過去に配信された連絡等のデータを遡って閲覧できること。		○
	通知	トップメニューでの通知	トップメニューで新着表示ができること（お知らせ表示や未処理の作業の明示など）。	○	
		お知らせ情報（プッシュ通知）の受信	保育所からのお知らせがアプリにプッシュ通知され、確認することができること。	○	
	連絡機能	連絡帳機能	保護者がアプリ上もしくは WEB ブラウザ上から、子どもの家庭での様子を記入し、送信することができること。	○	
			記入内容を下書きとして一時保存することができること。		○
			保育所での様子を記した連絡帳の内容を確認することができること。	○	
		出欠連絡・申請機能	保護者アプリもしくは WEB ブラウザから、保護者は以下の登録、変更を行えること。（例）・欠席（病欠・都合欠・忌引・出席停止）	○	

				○	○
			・遅刻 ・体調 ・お迎え時間 ・体温　など		
			欠席連絡は、複数日を一括で申請することができること。	○	
			病気による欠席の場合は、症状及び病名を選択して登録できること。	○	
			登録した情報について保育所側の確認状況（未確認、確認中、確認済など）が確認できること。		○
			日付別に昼食・夕食・おやつの必要有無を申請することができること。		○
	登降所記録確認	アプリもしくは WEB ブラウザ上から、登降所記録を確認することができること。		○	
	健康情報確認	身体測定結果（身長・体重）等の健康情報を確認できること。		○	
	行事予定表示機能	保育所の行事予定をカレンダー形式で確認できること。		○	
	アンケート機能	保育所からのアンケートに回答することができること。		○	
		保育所からのアンケートが利用者のアプリにプッシュ通知されること。		○	
管理システム機能	利用者情報管理	―	保育所児童保育要録作成用情報や児童に関する基本的な情報を登録できること。 （例） 児童名、児童名ふりがな、性別、血液型、生年月日、保護者氏名、保護者連絡先、郵便番号、住所、電話番号、クラス、入所日、卒・退所日、保育認定区分、保育必要時間（保育短時間・保育標準時間）、既往歴、メモ、かかりつけ医療機関、保険証番号、児童と紐づいた保護者 ID データ、児童 ID など	○	
			以下の情報を児童の健康情報として登録できること。 （例）アレルギー、既往歴、体質　など	○	
			児童基本情報は、CSV 等から一括で取込ができること。 また、各保育所を統括する部署が、全保育所の児童情報を1つの CSV ファイル等で一括取り込みできること。	○	
			児童情報を管理するためのグループを任意に作成できること。	○	
			児童基本情報のうち、保護者連絡先等の項目について、保護者がスマートフォンで変更を行うことにより情報更新されること。また、職員が更新内容を確認できること。	○	

		児童情報を一覧で表示し、データ出力ができること。	○	
		児童の健康情報を一覧で表示し、当日の出欠情報と合わせて確認でき、アレルギー除去食の要不要の判断等に活用できること。	○	
		一覧表示では、生年月日順などでの並び替えが可能なこと。		○
		児童情報の一覧画面から、氏名（部分入力含む）などにより検索ができること。	○	
		児童情報と保護者情報を1画面で表示する機能があること。	○	
		任意のタイミングで児童情報を次年度のものに更新できること。	○	
		転所やクラス替えの処理について、児童情報の再入力を最小限にするなど容易に処理することができること。	○	
		年度途中のクラス替えに対応していること。出席簿等のクラス替え前の記録は前クラスの記録として管理できること。	○	
職員情報管理	職員情報の登録	以下の情報を職員情報として、職員ごとに登録できること。 （例）職員番号、氏名、所属、職員の分類（正規職員・任期付短時間勤務職員・臨時職員）、職種（保育士・保育従事職員、調理員、看護師、事務員）、雇用形態　など	○	
		人事異動による所属変更や権限変更などが一括でできること。	○	
連絡機能	出欠連絡・申請機能	保護者からの欠席連絡などの情報を一覧で確認することができること。	○	
		保護者向けのウェブサイト又はアプリから登録された内容は管理端末からリアルタイムに確認できること。（遅刻・欠席、体調・体温、送迎予定時間）	○	
	連絡帳機能	以下の内容を記入し、連絡帳を登録できること。 （例）機嫌、排便、食事、睡眠、検温、入浴、子どもの様子、連絡事項　など	○	
		登録した連絡帳の内容を、任意の日時に予約配信することができること。		○
		連絡帳の既読状況を確認することができること。		○
		保護者が記入する連絡帳の項目を以下のように設定できること。 （例）機嫌・排便・食事・睡眠・検温・保護者からの連絡事項　など	○	
		保護からが送信された連絡帳の内容を、クラスごとの一覧画面で確認できること。	○	

	お知らせ配信	お知らせ配信	登録したテンプレートや過去のお知らせから、お知らせを作成できること。	○	
			全員への配信のほか、配信先を属性等（歳時別・クラス別・グループ別、など）で細かく指定して配信できること。	○	
			お知らせには、添付ファイルの送付が可能であること。（添付ファイルの種類を指定する場合は記載）	○	
			日時指定による予約配信、公開期限設定ができること。	○	
			お知らせの配信時に、承認権限をもつアカウントの承認を必要とする設定ができること。	○	
			スマートフォンを持っていない保護者に向けた支援策があること。	○	
			お知らせの既読状況を確認できること。	○	
			送信済みのお知らせを一覧表示できること。配信日、配信先などで絞り込みできること。	○	
		メール配信	児童ごと、クラスごとなど対象者を指定して、一斉メール配信を行えること。	○ ※選択 必須	
		行事予定配信	行事予定を以下の情報と併せて登録できること。また、変更や削除も可能なこと。 （例）行事名、カテゴリ、開催日時、開催場所、持ち物　など	○	
			行事の繰り返し設定が可能なこと。		○
			登録した行事予定を施設全体、クラスごとに印刷やCSV等でデータ出力ができること。		○
	アンケート	アンケート配信	保護者あてにアンケートを作成することができること。 アンケートの項目を自由に設定できること。 （例）選択式、記述式、必須項目の設定　など	○	
			過去のアンケート内容を複製して作成できること。	○	
			全員への配信のほか、配信先を属性等（歳時別・クラス別・グループ別、など）で指定して配信できること。また、アンケートごとに回答期限を設定できること。	○	
			アンケートを未読または未回答の保護者に対して再通知できる機能があること。		○
			保護者ごとのアンケートの回答状況を確認することができ、結果を集計し、CSV等でデータ出力できること。	○	
登降所管理	登降所管理	登降所時間の登録	QRコードもしくはICカードにより、登降所時間の打刻ができること。また、補完的な打刻方法として、タブレットのタッチ操作等の代替手段でも同様	○	

			の打刻処理が行えること。	○	
			保護者向けの打刻画面からは、その他の業務画面が閲覧・操作できないこと。	○	
			QRコード、ICカード等の紛失時等は、新しいQRコード等の発行が可能であること。	○	
	登降所時間の確認・修正		打刻結果を児童ごとの一覧で確認できること。	○	
			登降所時の入力漏れ等による変更入力や欠席理由の修正等が可能なこと。	○	
			複数園児を選択し、一括で登降園時刻記録や欠席設定ができること。	○	
			打刻漏れ等の要確認事項が発生した際は、その旨を画面上に表示し注意喚起できること。また、当月の要確認事項一覧を表示し、一覧画面上で効率的に打刻修正操作を行えること。	○	
	登降所集計・出席簿	作成・出力機能	登降所情報から日ごとの出欠人数や児童ごとの月別出欠日数を集計した出席簿を自動作成し、CSV等でデータ出力や印刷ができること。欠席については、年齢・認定区別や欠席種別で自動で集計できること。	○	
			登降所の児童の情報から、アレルギーを持つ児童の登所状況、登所人数が容易に把握できること。	○※選択必須	
			登降所の児童情報や職員の休暇申請の情報から、感染症に関する注意情報が把握できること。また、感染症による欠席は日次、週次、月次で集計し、CSVファイル等でデータの出力・印刷できること。		○
		様式の登録	出勤簿の様式を任意で登録できること。	○	
	職員間連絡	―	掲示板機能などにより、職員間での連絡事項を登録し、確認できること。	○※選択必須	
利用時間の変更・延長保育利用管理	利用時間の変更・延長保育利用申請	利用時間の変更・延長保育申請	保護者が利用時間の変更・延長保育の申請をアプリもしくはWEBブラウザ上から行えること。	○※選択必須	
	利用時間の変更・延長保育申請管理	申請管理	利用時間の変更・延長保育の申し込み状況を確認できること。また、児童の登降所状況をリアルタイムに確認できる画面に反映すること。	○※選択必須	
			事前の利用時間の変更・延長保育利用申込みは、1ヶ月まとめた一括登録ができること。	○※選択必須	
			延長保育に該当する時間帯は、号数や保育必要量毎に同一ではなく、複数の条件を登録できること。	○※選択必須	

指導計画等の帳票	全般	雛型管理	指導計画・日誌・保育所児童保育要録等の各項目について、文章のひな型が表示され、作成時に参照・引用が可能なこと。	○	
			ひな形の文章を変更・追加して登録でき、共有することが出来ること。	○	
		様式管理	各帳票の様式は任意に変更が可能なこと。	○	
	指導計画	指導計画の作成	次の指導計画を作成し、保存・印刷できること。 （例） ・全体計画 ・年間指導計画 ・月間指導計画（クラス別・園児別） ・週間指導計画（クラス別・園児別）	○	
			過去に作成済みの指導計画の複製機能や、他の指導計画の関連項目や行事予定などの内容を引用して作成できること。	○	
			指導計画に、電子ファイルを添付することが可能なこと。		○
			登録した行事予定を各種計画に反映もしくは引用できること。	○ ※選択必須	
		申請・承認	作成した計画について、承認権限の持つものが承認できること。	○	
	週日案	週日案	1週間ごとに以下の内容を記録する週日案を作成できること。 （例）現在の子どもの姿、今週のねらい、計画、振り返り	○ ※選択必須	
	日誌	日誌の作成	次の日誌を作成し、保存・印刷できること。 （例） ・保育所日誌 ・保育日誌 ・事務日誌	○	
			欠席者数は、登降所機能と連動して引用入力されるなど、効率的に入力できること。	○	
			任意で独自の文例を登録し、参照・引用ができること。	○ ※選択必須	
			登録した行事予定を日誌に反映もしくは引用できること。	○ ※選択必須	
	保育所児童保育要録	様式管理	厚生労働省・文部科学省・内閣府が示した様式「保育所児童保育要録」「幼保連携型認定こども園園児指導要録」と同じテンプレートが装備されており、制度改正時には修正されること。	○	
		要録作成	保育所児童保育要録を作成し、保存・印刷すること	○	

			ができること。		
			児童名や生年月日、住所などの児童情報や、年度ごとの出席日数・欠席日数はシステム上のデータから自動で入力されること。	○	
			施設情報（施設名、施設住所）はシステムに登録された情報が連動し、個別に記入する必要がないこと。	○	
		経過記録	児童ごとの経過記録を作成でき、アレルギー管理が行えること。	○ ※選択 必須	
発達・健康情報記録	身体測定	結果の登録	児童ごとに、月ごとの身体測定結果（身長・体重・頭囲・胸囲）項目を記録し、一覧表示や、CSV等のデータ出力ができること。	○	
			登録された身体測定結果を元に、測定結果の推移をグラフで表示できること。	○ ※選択 必須	
	発達記録管理	発達の記録	月齢別の発達状況チェックリストを表示し、各児童の発達状況を定期的に記録できること。	○	
			記録の際は、○・×などの記号を選択することで容易に記録できること。	○	
			チェック項目は、領域ごとに分類され、領域やチェック項目は任意に追加・変更できること。	○	
			項目ごとにコメントを記録することができること。	○	
			記録の間隔は、月齢ごとに設定することができること。また、過去の日付への記録の追加や修正ができること。	○	
			発達記録を児童ごとに、印刷やCSV等でデータ出力することができること。	○	
	午睡記録	―	児童の状態（左向き、あおむけ、右向き、うつ伏せ直し、起床など）と記録者を入力することができること。	○ ※選択 必須	
			記録間隔は、年齢ごとに任意に変更でき、最短で5分間隔に設定できること。	○ ※選択 必須	
			記録した内容を複製して一括登録できるなど、記録の負担を減らす工夫があること。	○ ※選択 必須	
			児童の午睡中の様子とその確認者を一定時間間隔で記録し、印刷できること。	○ ※選択 必須	
	検温・排便記録	―	検温・排便の結果を、児童ごとに容易に記録でき、記録回数に上限がないこと。	○ ※選択 必須	
			検温、排便は記録時に現在時刻が自動的に測定時間として記録されること。また、測定時間は手動で訂	○ ※選択	

				必須	
			正できること。	必須	
保育ドキュメンテーション機能	日々の記録	―	日々の保育活動を記録することができること。記録には写真（職員のコメントを付記）を登録できること。		○
			記録では、一日ごとに活動予定、気づき・振り返り、翌日の計画などを記録できること。	○	
			作成した活動記録を、保護者アプリもしくはWEBブラウザに配信できること。		○
			作成した写真付きの活動記録を元に、保育所内掲示物として出力し、印刷できること。		○
労務管理機能	労務管理	出退勤管理	職員の出勤状況の打刻ができ、記録されら出退勤情報はCSV等でデータ出力できること。	○	
	シフト管理	シフト編成	職員ごとの勤務シフトを作成できること。作成したシフトは、月次、日次で確認し、修正できること。	○	
			配置基準を保育所ごとに複数設定できること。	○	
			配置基準は、国の基準が標準で設定されるほか、任意の基準を設定することができること。	○	
			シフト表は、月別・日別に、職員ごとやクラス別・任意グループ等の別で表示・確認・出力ができること。	○	
			日別のシフトは、該当日全体の人員過不足状況を可視化できる仕組みがあること。	○	
			職員毎の1ヶ月間の勤務日数や早番・遅番の回数等の集計を確認・出力できること。	○ ※選択必須	
請求管理機能	請求管理	請求ルール等の設定	任意の請求項目（科目）を作成し、単価・個数から請求額を計算・管理できること。	○ ※選択必須	
		請求金額の計算	児童ごとの1ヶ月あたりの請求金額を計算・管理できること。	○ ※選択必須	
		集計・出力	児童ごとの請求金額（総額・項目別）をCSV等でデータ出力できること。	○ ※選択必須	
		帳票の発行	保護者向けの請求書・明細書・領収書を発行し、印刷及びデータで出力できること。	○ ※選択必須	
	入金管理	入金管理	児童別の入金状況を管理できること。入金状況は手動もしくは口座振替データを用いて入力（消込）できること。	○ ※選択必須	
			未払い金がある場合に、対象者と未払い金額を容易に把握できる機能を有し、未払い金請求用に関する帳票が作成できること。	○ ※選択必須	

統括管理	保育統括 部署機能	複数保育 所選択管 理機能	本庁の職員が、システム画面にて管轄の保育所を選択でき、各機能を使用できること。	○ ※選択 必須	
		通知配信 機能	各保育所を統括する部署から、自治体内の全保育所の保護者向けに一斉配信する機能があること。	○ ※選択 必須	
			配信対象園は絞り込みができること。	○ ※選択 必須	
			お知らせに PDF ファイル等を添付することで、保護者がそれをスマートフォンにダウンロード・閲覧できること。	○ ※選択 必須	
		アンケー ト配信機 能	各保育所を統括する部署から、自治体内の全保育所の保護者向けに一斉配信する機能があること。	○ ※選択 必須	
		延長保育 料集計	打刻された登降所時間等の情報から、延長保育の利用実績と料金を自動計算し、CSV 等のデータ出力ができること。	○ ※選択 必須	

注：各項目には、対応の可否の欄がある。この資料では省略。　　　　　（デジタル庁モデル仕様書）

〈編著者〉

本多滝夫（ほんだ たきお）　　龍谷大学法学部教授

稲葉一将（いなば かずまさ）　　名古屋大学法学研究科教授

〈著　者〉

稲葉多喜生（いなば たきお）　　東京自治労連副執行委員長

神田敏史（かんだ としふみ）　　神奈川自治労連執行委員

眞田章午（さなだ しょうご）　　沖縄大学経法商学部専任講師

公共サービスの SaaS 化と自治体

2024 年 10 月 25 日　　初版第 1 刷発行

　　　　　　　編著者　本多滝夫・稲葉一将

　　　　　　　発行者　長平　弘

　　　　　　　発行所　㈱自治体研究社
　　　　　　　〒162-8512 東京都新宿区矢来町 123　矢来ビル 4 F
　　　　　　　TEL：03・3235・5941／FAX：03・3235・5933
　　　　　　　http://www.jichiken.jp/
　　　　　　　E-Mail：info@jichiken.jp

ISBN978-4-88037-775-9 C0031

DTP：赤塚　修
デザイン：アルファ・デザイン
印刷・製本：モリモト印刷㈱

自治体研究社

公共サービスの SaaS 化と自治体

本多滝夫・稲葉一将編著　稲葉多喜生・神田敏史・眞田章午著　定価 1540 円

自治体情報システムの標準化・共有化とともに、スマホやタブレットでアプリをダウンロードして公共サービスを受ける仕組み（SaaS 化）が広がっている。住民の個人情報を守るために、自治体はどう対応・規制することができるかを考える。

デジタル化と地方自治—自治体 DX と「新しい資本主義」の虚妄

岡田知弘・中山徹・本多滝夫・平岡和久著　定価 1870 円

「新しい資本主義」を読み解き、「デジタル田園都市国家構想」が企業向けの事業であることを示す。地方行政のデジタル化が地方自治の基盤を揺るがし、マイナンバーカードはそれを所持しない住民を公共サービスから排除することを指摘する。

医療 DX が社会保障を変える
—マイナンバー制度を基盤とする情報連携と人権

稲葉一将・松山洋・神田敏史・寺尾正之著　定価 1210 円

マイナンバー制度を基盤とする国民の個人情報と、医療機関がもつ電子カルテなどの医療情報や各種健診情報を連携させる仕組みづくりが始まっている。医療 DX と言われるこの「改革」は、社会保障制度や医療の現場をどう変えるか。

保育・教育の DX が子育て、学校、地方自治を変える

稲葉一将・稲葉多喜生・児美川孝一郎著　定価 1100 円

保育・教育の枠を超えて、こどもの個人情報が利活用されようとしている。すでに保育の現場では、こどもの情報がテック企業に集積されている。こうした現実を捉えて、デジタル政策が子育てと公教育、地方自治にもたらす影響を検証。

デジタル改革と個人情報保護のゆくえ
—「2000 個の条例リセット論」を問う

庄村勇人・中村重美著　定価 990 円

デジタル改革関連法の成立により、住民の個人情報は利活用する方向に舵が切られた。自治体の条例も国の法律に合わせて「改正」を強いられ、その監督権限も国に一元化される。自治体は住民の個人情報をどう守ればよいのか。

自治体 DX でどうなる地方自治の「近未来」
—国の「デジタル戦略」と住民のくらし

本多滝夫・久保貴裕著　定価 935 円

急速に進む国のデジタル戦略は個人情報保護条例のハードルを下げ、自治体の情報システムの標準化も迫っている。国のデジタル戦略の実際と、それに対応する自治体 DX の内容を分析して、地方自治の観点からあるべき改革案を考える。

デジタル改革とマイナンバー制度
—情報連携ネットワークにおける人権と自治の未来

稲葉一将・内田聖子著　定価 990 円

マイナンバーカードとマイナポータルを中心とする情報連携のしくみを解説し、その拡大による住民と自治体や公共サービスのあり方の変質を追う。

マイナンバーカードの「利活用」と自治
—主権者置き去りの「マイナ保険証」「市民カード」化

稲葉一将・岡田章宏・門脇美恵・神田敏史・長谷川薫・松山洋・森脇ひさき著　定価 1430 円

健康保険証、図書館カード、交通パス、各種資格証明書などとマイナンバーカードの紐づけが進む。分散管理されてきた個人情報が 1 枚のカードに集約され二次利用される。私たち国民の個人情報は守られるのか？　自治の視点から、紐づけ（「一体化」）の意味を問う。